Otto Künnemann

Echt Leipzig!

Besonderheiten einer alten Messestadt

HERKULES VERLAG

Historische Ansichten:
Archiv Martina Güldemann
Archiv Otto Künnemann

Fotonachweis:
Michael Weiß (43 Fotos)
Heide Künnemann (S. 46, links)
Anette Wyrembeck (S. 39, unten)
Thomas Ufert (S. 73, rechts)
Dietrich Meinhardt (S. 45, Mitte)

Druck: Werbedruck Schreckhase, Spangenberg
Buchbinderische Verarbeitung: fachbuch mediasales, Gladenbach

34128 Kassel, Richard-Strauß-Straße 33, Tel: (0561) 9 37 17 38

ISBN 3-937924-03-5

Vorwort

Lipsia in aeternum – vivat, floreat, cresceat!

Leipzig in Ewigkeit – es lebe, blühe und gedeihe! Unter dieses Alt-Leipziger Motto möchte ich mein Buch über die Eigenheiten der Messestadt und ihrer Bewohner stellen.

Nicht selten wird man bei Stadtführungen von Gästen gefragt, ob es denn nicht etwas zum Mitnehmen gibt, zur Erinnerung an den Besuch in Leipzig. Etwas, in dem man von den Besonderheiten der Stadt und über ihre Einwohner lesen kann. Natürlich von den großen Dingen, wie den Messen oder Johann Sebastian Bach und den Thomanern, von der Buch-, von der Sport-, von der Universitätsstadt. Aber auch, wo man neben diesen wichtigen und bekannten Attributen Leipzigs etwas erfährt vom „Gaffee-Sachs'n" und seiner Mundart, seinen Vorlieben und Leidenschaften oder beispielsweise auch darüber, was man hierzulande isst und trinkt, wie das Leipziger Allerlei. Jeder hat davon schon einmal gehört, doch keiner weiß so recht, was es ist.

Sächsische Originale wie der Kabarettist Hans Reimann, die Dichter in heimischer Mundart Lene Voigt, Georg Bötticher und Edwin Bormann werden zu Wort kommen.

Ein leicht geschriebenes und fröhliches Buch soll es sein, mit ein bisschen Augenzwinkern. Dinge enthält es, die man einfach als „Echt Leipzig!" bezeichnen muss. Es soll ein Buch sein für interessierte Touristen in der Messestadt, in gleicher Weise aber für Einheimische, die sich mit Sicherheit in einigen Abschnitten des Buches wiederfinden werden.

Ich danke dem Herkules Verlag mir bei der Umsetzung des Buches weitestgehend freie Hand gelassen zu haben. Ein großes Dankeschön an meinen tüchtigen Fotografen, Herrn Michael Weiß. Von der Qualität seiner Bilder können Sie sich überzeugen. Und ein weiterer und besonderer Dank an Frau Martina Güldemann, Mitstreiterin bei mehreren anderen stadtgeschichtlichen Büchern. Ihr großartiges Archiv stand mir auch für „Echt Leipzig!" einmal mehr zur Verfügung.

Otto Künnemann

Der Fotograf

Der Autor

Echt Leipzig!

Vorerst einige Worte zu den nachfolgenden Illustrationen des geschichtlichen Abschnitts. Bei unserem Buch handelt es sich ja keineswegs um ein ernsthaftes Werk der Geschichte. So habe ich mich dafür entschieden, Ihnen eine Auswahl reizvoller Bilder aus Leipzig gegen Ende des 18. Jahrhunderts zu zeigen.
Und passend zum jeweilig betrachteten Zeitabschnitt einige Münzen – das Geld spielte in Leipzig schließlich immer eine große Rolle.

Das von Daniel Pöppelmann entworfene barocke Peterstor. Abgebrochen im Jahre 1859.

Ein simples Fischerdörfchen namens **Lipsk** soll in grauer Vorzeit, so um das Jahr 900, unser späteres Leipzig gewesen sein. Es lag in einer von zahlreichen Wasserarmen durchzogenen Fluss-Auenlandschaft an einer wohl bereits zu alter Slawenzeit bekannten Furt. Elster, Pleiße und Parthe hießen die bedeutendsten Gewässer.

Die meistgefangene Beute der Fischer von Lipsk war der Lachs (!) und in Leipzigs längst kultiviertem Stadtwald, dem Rosental, gingen damals Wölfe und Auerochsen spazieren. Diese Tiere laufen dort nicht mehr umher, aber die Flüsse haben wir noch. Oder bekommen sie wieder. Einiges war in frühen DDR-Zeiten unsichtbar geworden. Zugemauert, feiner ausgedrückt „überwölbt“, wegen unerträglichen Geruchs. Vor allem die Pleiße wurde zum Industrieabwasserkanal vergewaltigt und stank zum Himmel. Das Leipziger Kabarett academixer bemerkte treffend, Pleiße sei nur noch das Reimwort – ich brauche Ihnen nicht zu sagen worauf! Nicht die Ursachen wurden bekämpft, sondern die Wirkung. Nach und nach, dank einer Bürgerinitiative in die Wege geleitet, kommen die heute weit weniger belasteten Gewässer wieder ans Licht. Ein beachtlicher Anfang ist mit dem Pleißemühlgraben bereits gemacht worden.

Im Jahre **1015** erwähnte ein dankenswert schreibfreudiger Kirchenmann, ein Bischof namens Thietmar, erstmals die **urbs libzi**, die Keimzelle unseres späteren Leipzigs. Er soll hier auf der Durchreise gewesen sein. Wir sind ihm dankbar dafür und dass er nicht vergessen ist, beweist: Im Westen der Stadt gibt es bis heute eine Straße seines Namens.

Ein Denar, ein so genannter Sachsenpfennig. Silbermünze, geprägt um das Jahr 1020.

Öfter wechselte die Bezeichnung für Leipzig. Dass wir heute überhaupt wissen, woher unsere Stadt ihren Namen hat, verdanken wir nur den Forschungen eines Mannes der Kleinkunst, Hans Reimann (1889–1969). Seine große Zeit waren die berühmten zwanziger Jahre. Ausgaben seiner Zeitschrift „Der Drache“ sind heute antiquarische Leckerbissen, aber die Gründung des Leipziger Kabaretts „Retorte“ war seine beste Leistung. Dort, in der zentrumsnahen Pfaffendorfer Straße, konnte man endlich erfahren, wie Leipzig zu seinem Namen kam. Das darf ich Ihnen nicht vorenthalten. Ich entschuldige mich bei Hans Reimann, wenn ich etwas kürze. Und ich entschuldige mich bei Ihnen wegen der Mühe des Lesens – aber das geht eben nur sächsisch:

So, nu hammer'se fert'sch, de neie Stadt.
Ja – scheen isse dorwech'n geworden.
Hm, duht m'r ooch gefall'n – fehlt awwer was.
Eschah, da fehlt doch nischt, is doch alles da!
Nu, awwer heere: d'r Name!
Ach so, nu ähmd. – Wie nenn m'rn die?
Na, vielleicht NEUSTADT!?
Ä, Neustadt – das ja nu recht ehfältsch.
Oder MAGDEBURG!?
Na, das is ooch Quatsch – gemacht hammer'se schon, de Burg.
Oder vielleicht BERLIN!?
Berlin, das is doch keh Name vor enne Stadt!!!

Ja, da hassde Recht. – Weeßde, im Grunde, wie die heeßd, das bleibt'zch ejal.
Klingt dorwech'n hibbsch!
Was d'n?
Bleibt'zch ejal.
Na ja, ä bißch'n lang ...
Gut – da mach m'r ähmd Bleibt'zch?!
Bleibt'zch – das dähte gehn; schreib's uff!
Du – wie schreibt m'rn das?
Vorne mitt'n weechen oder mitt'n harden B?
Na, woher soll ich'n das wissen ???
Was sollch'n jetzt schreim !?
Ach, lasses doch weg, das dämliche „B“ – schreibste Leibt'zch!

So soll's gekommen sein! Die ernsthafte Geschichtsforschung meint allerdings, im Wort Leipzig stecke das slawische Lipa drin, Linde, Ort bei den Linden. Nun, so wird es schon gewesen sein ... Aber Sie werden mir gewiss zustimmen, dass die Variante von Hans Reimann die bedeutend originellere ist.

Blick zum Stadtschloss, der Pleißenburg. Rechts der Moritzdamm, heute Schillerstraße. Das große Gebäude ist das Kornhaus, dahinter sieht man die kleine turmlose Peterskirche.

Echt Leipzig!

Silber der Mark Meißen: Brakteat (rechts), um 1200, und Groschen, um 1370.

Gehandelt wurde an der Pleiße von Anbeginn. Zwei große Heeres- und Handelsstraßen kreuzten hier und bald schützte eine Burg den Marktflecken. Was lag näher, als hier aus- und umzupacken, sich zu stärken und zu sehen, was die Konkurrenz mitbrachte.
Der Meißnische Markgraf Otto, mit dem anheimelnden Beinamen der Reiche, stellte dem Handelsort freundlicherweise einen Stadtbrief aus. Die Märkte zu Ostern und zu Michaeli, im September, ließ er schützen. Das Pergament hat etwa Postkartenformat. Viel passte nicht drauf, und für's Datum war kein Platz mehr da. Zwischen 1160 und 1170 muss es gewesen sein, das steht fest. Man wählte im Weiteren klug die Mitte. 1965 feierte Leipzig jedenfalls Jubiläum: 800 Jahre Stadtrecht.

Unsere wettinischen Landesherren waren stets um Schutz und Förderung ihrer wichtigsten Stadt bemüht. Nicht der schönen Augen der Leipzigerinnen wegen, nein, die Stadt erbrachte mit Abstand die meisten Steuern in der Mark Meißen. Die Zuneigung war freilich nicht immer gegenseitig. Gängeln ließen sich die Leipziger nicht! Markgraf Dietrich der Bedrängte glaubte uns mit drei Zwingburgen vor Ort kleinzukriegen. An seinem plötzlichen Tod im Jahr 1221 sollen die Leipziger großen Anteil genommen haben, aktiven ...

Ein weiterer Markgraf namens Diezmann bügelte das gestörte Verhältnis zur Obrigkeit wieder aus. Gemeinsam mit seinen Leipzigern rettete er das Land vor königlicher Gewalt. Der Habsburger Albrecht I. wollte zu gern die silberschwere Mark Meißen seiner Hausmacht einverleiben. Aber im Jahre 1307, in der Schlacht bei Lucka, bekam er dort, im südlichen Leipziger Vorland, einen kräftigen Denkzettel verpasst.
Das meißnisch-sächsische Silber blieb über Jahrhunderte Wirtschaftsfaktor von größter Bedeutung und machte die Wettiner zu den vermögendsten Fürsten im Verband des Heiligen Römischen Reiches.

Blick zum Grimmaischen Tor vom heutigen Augustusplatz aus. Links Pauliner-, rechts Nikolaikirche.

Im 15. Jahrhundert ging es rund; da jagte ein „Highlight“ das andere. 1409 kam es zur Universitätsgründung. Deutsche Lehrer und Studenten an der Reichsuniversität zu Prag hatten mächtigen Streit mit den Tschechen, packten ein und etwa 400 von ihnen taten gut daran, sich an die Pleiße zu begeben. Markgraf Friedrich der Streitbare und die Leipziger nahmen das gelehrte Völkchen gern auf. Nun wird sie bald 600 Jahre alt, unsere Alma Mater studiorum Lipsiensis, und ist damit die zweitälteste Universität in Deutschland, die heute noch lehrt, zur Zeit für rund 30 000 Studenten.

Der regierende Kurfürst wollte 1458 seinen Leipzigern eine Freude machen und schenkte ihnen einen weiteren großen Markt. Für ihn sprang, steuerlich gesehen, natürlich auch einiges dabei heraus. Zum Oster- und zum Michaeli- war nun der Neujahrsmarkt hinzugekommen. Jetzt gab es also drei große jährliche Märkte, die späteren Messen, und das ist so bis zum Jahre 1904 geblieben.

Blick über den Stadtgraben zur Brücke der Neukirchen-Pforte beim heutigen Goerdelerring.

Im Jahr 1423 trat etwas Überraschendes ein! Im benachbarten Sachsenland hatte zu Wittenberg der letzte Askanier die Augen geschlossen und Sigmund, König des Reiches, berief seinen getreuen Meißner Markgrafen, eben jenen Friedrich den Streitbaren, zum Erben und in den hohen Kurfürstenstand. Landeswappen und -farben und sogar der Landesname musste von den askanischen Kurfürsten übernommen werden. Den Landgewinn des Kurkreises mit Wittenberg gab es obendrein. Und was meinen Sie, wie die Mark-Meißner gestaunt haben, als sie plötzlich zu Sachsen wurden! Das brauchte vorerst Gewöhnung. Aber dann waren sie's mit Begeisterung und wir sind's gern, bis zum heutigen Tag.

Nur von positiven Dingen war bisher die Rede. Was jetzt kommt, ist das Gegenteil.

Der Kurstaat Sachsen wurde in brüderlicher Einigkeit von den Wettinern Ernst und Albrecht regiert. 1482 erbten diese noch ganz Thüringen hinzu und repräsentierten nun einen der mächtigsten Staaten des Reiches.

Vom Bober bis zur Werra und vom Harz bis zu den Kämmen des Erzgebirges reichte das Sachsenland. Und plötzlich wollten die Brüder keine Gemeinsamkeit mehr. So kam man überein, den prächtigen großen Staat zu teilen und das sächsische Fürstenhaus gleich mit.

Geteilt wurde in die kurfürstlich-ernestinische und in die herzoglich-albertinische Linie.
Den Unfrieden pflegte man, die beiden Häuser haben nie wieder zueinander gefunden. Und so ganz zueinander hat man bedauerlicherweise in den beiden wettinischen Linien bis heute nicht gefunden.

Zudem ist diese unglückselige Teilung, eine deutliche Schwächung der wettinischen Hausmacht, auch noch in Leipzig beschlossen worden. 1485 fand auf Schloss Pleißenburg diese Zerstückelung des Sachsenlandes statt. Damit hatte man, natürlich ungewollt, eine, vielleicht die wichtigste Voraussetzung für den späteren Aufstieg Brandenburg-Preußens geschaffen. Die Leipziger Teilung stellt einen Tiefpunkt landespolitischer Entscheidung dar.

Zum Ausgang dieses aufregenden Jahrhunderts, im Jahre 1497, beglückte uns das Oberhaupt des Heiligen Römischen Reiches, König Maximilian, mit der Erweiterung und Bestätigung der Leipziger Marktprivilegien. Erstmals tauchte jetzt für die Märkte in den Dokumenten die Bezeichnung Messe auf. Der Begriff soll seinen Ursprung darin haben, dass die Märkte oder Jahrmärkte nach den katholischen Messen eröffnet wurden.
Maximilians löblichen Eifer, uns die begehrte Urkunde auszustellen, hatte Leipzigs Verhandlungsführer etwas angeregt. Er „vergaß“ am Hof zu Frankfurt ein mit Gold wohlgefülltes Säckchen. Man kann ja mal was liegen lassen. Leipzigs allzeit knickriger Rat hatte eben ein Gespür, wann Sparsamkeit unangebracht war ...
1507 gab Maximilian mit dem „Stapel- und Niederlagerecht“, das eine weitgefasste Bannmeile einschloss, noch einen drauf. Leipzigs unliebsame Handelskonkurrenten wie Halle, Naumburg, selbst Erfurt und natürlich die kleinen frechen Nachbarn Zwenkau und Taucha hatten das Nachsehen.

Die Stadtwache an einem der vier großen Stadttore bei ihrem schweren und verantwortungsvollen Dienst.

Der Thaler, die um 1500 aufkommende schwere Silbermünze. Ihren Namen erhielt sie nach der ersten Prägestätte, dem Joachimsthal im Königreich Böhmen.

Das Schloss Pleißenburg

Die erste Hälfte des 16. Jahrhunderts ist die Zeit der **Reformation** gewesen. Man muss wissen, dass Leipzig ein Zentrum des perfiden Ablasshandels war und dass dessen Chefkrämer, Johannes Tetzel, im hiesigen Paulinerkloster seine Zentrale hatte. Das von Rom gesteuerte üble Seelengeschäft traf im stets progressiv denkenden Leipzig auf offene Ablehnung. Diese war freilich nicht nur sittlich begründet. Nein, wenn andere Geschäfte machten und ohne große Mühe zu viel Geld kamen – das wurmte auch des Leipzigers Händlerseele!

Der heftige Wortstreit mit dem Auftreten Luthers auf der Leipziger Pleißenburg benannte sich im Jahre 1519 **Disputation**. Damals konnte unsere Stadt noch nicht zum Protestantismus finden, aber das ist der erste Schritt in diese Richtung gewesen. Dank des Wirkens der Reformatoren, dank des Engagements der Städte Wittenberg und Torgau hatte das Kurfürstentum Sachsen bereits 1525 zur Evangelisch-Lutherischen Landeskirche gefunden. Im Herzogtum, zu dem die Stadt Leipzig gehörte, dauerte das noch etliche Jahre, und zwar bis zum Tod des bigott-katholischen Herzogs Georg des Bärtigen. **1539** am Pfingstsonntag verkündete sein Bruder und Nachfolger, Herzog Heinrich der Fromme, in Leipzigs Thomaskirche den Übertritt zum **Protestantismus**.

In den kriegerischen Auseinandersetzungen des protestantischen Schmalkaldener Bündnisses und der katholischen Gegenseite gelang es Heinrichs Sohn, Herzog Moritz, mit Tapferkeit, Schlitzohrigkeit und politischem Kalkül, den Ernestinern die Kurwürde abzunehmen. 1547 wurden die Albertiner zu Kurfürsten und blieben das bis zum Ende des alten Reiches im Jahre 1806. Ihr Herzogstitel ging in die neue Landeshauptstadt der Ernestiner, nach Weimar.

Kurfürst Moritz ist für Leipzig von großer Bedeutung als Förderer, man kann ihn als Erneuerer der Universität bezeichnen.

Viel zu früh, im Alter von nur 32 Jahren, starb dieser ungemein talentierte Fürst. Dass er einem Pistolenschuss zum Opfer fiel, dem damals letzten Schrei der Waffentechnik, das kann dabei wahrlich kein Trost sein.

Medaille auf den Tod des Kurfürsten Moritz.

„Was können wir noch tun, wo gilt es Neues zu bauen, was ist sinnvoll anzupacken? – Geld ist ja reichlich vorhanden.“ Können Sie sich diese Überlegungen heute von einer Kommune, einem Bundesland, in der Bundesrepublik überhaupt vorstellen? Das gab es vor 450 Jahren unter Moritz‘ Bruder August, genannt „Vater August“. Ein begnadeter Ökonom, unterstützt, ja wohl fast geleitet von seiner intelligenten Frau, der „Mutter Anna“ (15 Kinder!). Millionenüberschüsse befanden sich in den Staatskassen und auch Leipzig profitierte davon. Denken Sie nur an den Bau des Alten Rathauses oder an den Neuaufbau der Pleißenburg zu dieser Zeit. Hieronymus Lotter, Leipzigs Bürger- und Baumeister, konnte dazu Landesmittel abfassen.

Nach langer friedlicher Zeit, zum Segen des Landes und seiner bedeutendsten Stadt Leipzig, änderte sich das in furchtbarer Weise im 30-jährigen Krieg. Leipzig wurde von den Kaiserlichen belagert und eingenommen. Nach dem einseitigen und eher verderblichen Friedensschluss von 1635 mit dem Kaiser machten wir uns die bisherigen Verbündeten, die schwedischen Glaubensbrüder, zu unerbittlichen Feinden.
Von nun an gab es ihre furchtbaren Einfälle in Sachsen, vorgetragen mit unmenschlicher Brutalität auch und besonders gegen die Zivilbevölkerung. Als nach dem verlustreichsten aller Kriege endlich im Jahre 1648 zu Münster und Osnabrück der Frieden geschlossen wurde, verblieb ein verarmtes, ausgeblutetes Kursachsen. Kein Land in Mitteleuropa war so schwer betroffen – und kein Land erholte sich so schnell von den Schrecken dieses Krieges! Das war in wenigen Jahrzehnten möglich und lieferte einen Beweis für die Lebenskraft des sächsischen Volkes.

Der Pleißemühlgraben an der „Pferdeschwemme“. Links die beiden Schöpfwerke, die Rote und die Schwarze Wasserkunst, rechts gegenüber die Nonnenmühle (heute Karl-Tauchnitz-Straße).

Mit dem Jahr 1694 beginnt in Sachsen das so genannte Augustäische Zeitalter, geprägt von unserem populärsten Regenten, der schillernden Herrschergestalt Augusts des Starken. Ein Plaisir waren ihm nicht nur schöne Frauen (übrigens: Glauben Sie bitte nicht das Ammenmärchen von den 356 Kindern!), nein, auch Messebesuche in seinem Leipzig und das Amüsement daselbst schätzte er ungemein.

Diese Besuche wurden, wann immer möglich, sehr gern wahrgenommen, und August der Starke war gemeinsam mit seiner aktuellen Favoritin Glanz- und Mittelpunkt des Messetreibens.
Wenn August auch hin und wieder seine Rechnungen zu bezahlen vergaß, so übernahm das Leipzigs Rat. Man wusste, was man an der Person des Landesherrn hatte. Fürstlichkeiten, Diplomaten und hohe Militärs, Weltenbummler und Abenteurer kamen wegen seiner europaweit berühmten Persönlichkeit und ließen ein ordentliches Stück Geld an der Pleiße.

2/3-Taler (Gulden) mit dem Bildnis des Kurfürsten Friedrich August I., August der Starke.

Helle is' d'r Leipz'cher – und hell sollte auch seine Stadt werden. 1701, erstmals am Heiligabend, erstrahlten stolze 700 Öllampen und verkörperten die erste Stadtbeleuchtung. Und ein das Messegeschäft erleichterndes Einwohnerverzeichnis gab es im gleichen Jahr. Hier sehen wir Leipzig als Vorreiter unter den deutschen Städten.

Liebenswerte Darstellung des Herrn Bürgermeisters (mit der Tonpfeife) und eines seiner wackeren Ratsherren.

Im Nordischen Krieg (1700–1721) kämpften Zar Peter der Große und August der Starke gegen die Schweden unter Karl XII. Wie für uns nicht selten, ging's auch diesmal schief und 1706 besetzten wieder einmal die Nordländer Leipzig. Im Gegensatz zum 30-jährigen Krieg aber jetzt durchaus mit Manneszucht und nordischem Charme. Und so gab es bei ihrem Auszug Tränen unter Leipzigs holden Weiblichkeiten, denen aber doch manch kleiner Schwede als – mehr oder weniger – tröstendes Souvenir verblieb.

So gern Leipzig Gäste empfängt – zur Mitte des 18. Jahrhunderts hatten wir öfter ungebetene in der Stadt. Das begann 1745 mit dem 2. Schlesischen Krieg und fand seine Höhepunkte im Siebenjährigen Krieg. Preußenkönig Friedrich II. nahm sowohl 1760 als auch 1762 Winterquartier in Leipzig. Mit brutalen Gelderpressungen und kernigen Sätzen wie „Sachsen gleicht einem alten Mehlsack und stäubt immer wieder, wenn man nur ordentlich draufschlägt“ konnte er sein Negativ-Potential hierzulande enorm steigern.
Politisch spielte Kursachsen nach dem Hubertusburger Frieden von 1763 nie wieder eine bedeutende Rolle. Das traf uns nicht so hart. Kunst und Kultur, Wissenschaft und Wirtschaft entschädigten vollkommen. Und dort finden wir das Sachsenland in den vordersten Positionen.

Echt Leipzig!

Leipzigs altes Stadt-Theater auf der Rannischen Bastei.

Zu napoleonischer Zeit, nach der gemeinsam mit den Preußen grandios verlorenen Schlacht von Jena und Auerstedt im Oktober 1806, wurden wir zu Verbündeten des großen Korsen.
Dessen Dank blieb nicht aus: Mit dem 11. Dezember 1806 erhob er **Sachsen** zum **Königreich**. Vasallen Frankreichs blieben wir länger als vertretbar. Erst im Verlauf der bis dahin größten Schlacht der Weltgeschichte, der **Leipziger Völkerschlacht**, fiel Sachsens Militär von den Franzosen ab. Nicht aber unser König! Der erklärte Bewunderer des Kaisers, der sich im Gegensatz zum Preußenkönig an sein Napoleon gegebenes Wort gebunden fühlte, ging am 19. Oktober 1813 in Gefangenschaft. Mehr als die Hälfte des Königreiches raubte uns der Wiener Kongress von 1815. Nutznießer wurde Friedrich Wilhelm III. von Preußen, der stets heftig um Napoleons Gunst gebuhlt hatte, aber von seinen Militärs noch rechtzeitig zur Kehrtwende gezwungen worden war.

Eine der letzten, wohl auch eine der schönsten sächsischen Münzen: König Johann, Ausbeute-Taler. geprägt aus Silber des Erzgebirges. Das Königswappen wird gehalten von Berg- und Hüttenmann.

Das klein gewordene Land leistete Erstaunliches und unsere Stadt trug nach Kräften dazu bei. Beredtes Zeugnis gibt die **erste deutsche Ferneisenbahn** von Leipzig nach Dresden. Das im April 1839 erfolgreich beendete gewaltige Projekt stellte eine logistische wie technische Meisterleistung dar.

Frühzeitig, schon im Jahr 1872, hatte Leipzig eine Pferdestraßenbahn bekommen. Seit 1896 betrieben die beiden Stadtverkehrsgesellschaften ihre Straßenbahnen elektrisch und 1913 kamen zum öffentlichen Nahverkehr Buslinien hinzu in reizvoller Doppelstock-Ausführung! Eine der ersten Linien bediente das neue Völkerschlachtdenkmal. Anfangs war den Damen die Benutzung der oberen Etage nicht gestattet. Immerhin hätte ja beim Aufsteigen einer Schönen eine schamlose Mannsperson deren Knöchel oder gar ein Stück Wade unter dem bodenlangen Rock erspähen können!

Im Jahre 1873 wurden mit Reichsgesetz die ersten Stücke der Deutschen Mark verausgabt.

2-Mark-Stück der Königl. Sächs. Münze zu Muldenhütten bei Freiberg, 1907 mit Bildnis des Königs Friedrich August III.

Diesen Firlefanz haben sich aber die mehr und mehr selbstbewusster werdenden Frauen nicht lange bieten lassen. Und nur wenig später hatten sie ohnehin „ihren Mann" zu stehen.
Der **Erste Weltkrieg** tobte, die Männer waren an den zahlreichen Fronten. Die Frauen wurden dringend gebraucht. So unvorstellbar wie vielleicht 1912 eine Straßenbahnschaffnerin gewesen wäre, so selbstverständlich war sie 1917. Es gab dann sogar Fahrerinnen.

1918 – Revolution. Die Sachsen setzten ihr Staatsoberhaupt ab, Friedrich August III. Schluss mit der Regentschaft des Hauses Wettin nach respektgebietenden acht Jahrhunderten.
Warum sie das taten, wussten sie auch nicht. Es war eben deutschlandweit gerade in Mode.
König Friedrich August, der volkstümliche Monarch, blieb ungebrochen populär und beliebt. Ein Leipziger Kabarett brachte das „Gebet eines Revolutionärs", worin es hieß:
„Da kenn' m'r nischt, da geh'n m'r dorch – Sieg oder Tod! Gott schitze de Revolution! – un' unsern guden Geenig."
Reuevoll bot man Friedrich August sogar das Amt des sächsischen Ministerpräsidenten an. Er dankte.
Im Februar 1932 starb der letzte regierende Wettiner. An seiner Beisetzung in Dresden nahm eine dreiviertel Million seiner treuen Sachsen teil.

Die „Goldenen Zwanziger" (man lebte, man war davon gekommen!) erbrachten neben einem nicht zu leugnenden Sittenverfall ein neues freies Lebensgefühl, eine kulturelle Blüte und einen erneuten und enormen Aufschwung der Messen in Leipzig.
Luftpostverkehr und den Rundfunksender Leipzig gab es seit 1924. Und im Jahre 1938 erreichte die Stadt mit 714 000 Menschen den höchsten Einwohnerstand in ihrer Geschichte.
Den „ehrenden und verpflichtenden" Namen Reichsmessestadt legte man uns zu und arbeitete gleichzeitig an Leipzigs Abstieg. Der begann mit der grausamen Verfolgung jüdischer Menschen nach der so genannten Reichskristallnacht (9. November 1938) und stellte neben einem Verlust an Wissen und Kultur auch einen erheblichen Einschnitt im wirtschaftlichen Potential dar.

Das Hallische Pförtchen, zu dem ein Steg über den Stadtgraben führt. Heute im Bereich des Tröndlin-Rings.

Die große Zeit der Zeppeline. Auch in Leipzig-Mockau machten die Luftriesen mehrfach fest. 5 Mark, 1930.

Im schwersten Bombenangriff auf die Stadt, am 4. Dezember 1943, verloren 5000 Einwohner das Leben, 140 000 Personen wurden obdachlos. Leipzigs Innenstadt versank in Schutt und Asche. Und wieder – mangels Männern – waren es die Frauen, die Großes nach dem Krieg leisteten, die zuerst das Werk des Wiederaufbaus anpackten. Leipzigs „Trümmerfrauen“ sind unvergessen.

Nach der Einnahme der Stadt durch die Amerikaner (18. April 1945) wechselte zum 1. Juli 1945 die Besatzungsmacht. „Die Russen kommen!“, hieß der Schreckensruf. Und im Gefolge kamen 40 Jahre DDR ...
Abschließend ein paar Worte zum aufmüpfigen Leipziger: Sie wissen, das begann schon im Hochmittelalter – doch wir wollen neuzeitlich aktuell bleiben. Zur **Volkserhebung**, die im **Juni 1953** von Berlin ausging, konnte Leipzig nicht tatenlos abseits stehen. Demonstration, Russenpanzer, mehrere Tote und Ausnahmezustand waren die Folge.
1968 gab es beim stadtgeschichtlichen Verbrechen der Sprengung der Paulinerkirche am damaligen Karl-Marx-Platz den ersten öffentlichen Protest in der DDR nach dem Juni 1953. Der „Widerstand gegen staatliche Maßnahmen“ erbrachte „Zuführungen“ und Verurteilungen von Protestierenden.

Und im **Herbst 1989** erzwangen die **Leipziger Montagsdemonstranten** in der Stadt der friedlichen Revolution den Sturz des SED-Regimes. Am Montag, dem 30. Oktober, schlossen mehr als 300 000 Demonstranten den Innenstadtring. „Deutschland, einig Vaterland“ – ein Jahr später, am 3. Oktober 1990, war es so weit.

Sonderbriefmarke und Sonderstempel zum Tag der Einheit.

Zur Erinnerung an die gute alte Mark. Ein Stück der Erstausgabe von 1950.

Die Beiträge vom Sachsen im Allgemeinen und vom Leipziger im Besonderen sowie des Leipzigers Sprache sollen illustriert werden mit Darstellungen vom Leben im alten Leipzig, mit Motiven aus der Zeit des Biedermeier.
Vor allem Volkstypen sollen gezeigt werden, Menschen, die sich in der Öffentlichkeit bewegten und somit stadtbekannt waren. Wie es sich für Leipzig gehört, wird dabei zumeist das Geschäft im Vordergrund stehen.

Wenn wir vom Sachsen im Allgemeinen sprechen, muss keineswegs eine langatmige Charakterisierung erfolgen. Das kann man sich viel einfacher machen. Im Grund beschreibt man ihn treffend mit einem einzigen Wort. Der Sachse ist **fischeland**. Das sagt Ihnen gar nichts und nun wissen Sie nicht mehr als zuvor!? Ich bemühe mich um Erklärung. Also: Das lateinische Wort vigilans (wachsam) soll der Ursprung sein. Mit fischeland drückt der Sachse eine gewisse Bewunderung und Anerkennung aus: „Das is awwer ä fischelandes Gerlchn!“
Hochdeutsch, obgleich nicht annähernd so schön und keineswegs die ganze Bedeutung erfassend: „Was für ein aufgeweckter Junge!“

Fischeland drückt aber noch viel mehr aus: geschickt, aufmerksam, geschäftstüchtig, Situationen meisternd, sich anpassend. Aber – dabei auch unbedingt und möglichst unbemerkt seinen Vorteil im Auge behaltend! Denn wie sagt der Leipziger Kabarettist Bernd-Lutz Lange: D'r Sachse is helle, heeflich und – heemdiggsch (heimtückisch).
Im Wort fischeland spielt durchaus auch der Fisch seine Rolle. Das im Sinne von durchschlüpfen, sich glücklich am Ungemach vorbei schwänzeln. Alles in allem, der fischelande Sachse kommt zurecht im täglichen Leben.

Seit alters her hatten wir Sachsen ein feines Gespür dafür, wo etwas schief geht. Nichts wie weg, sagt man da natürlich. Nein, das sagt der Sachse nicht. Im Gegenteil – da muss er hin, da muss er dabei sein.
Wenn man die Geschichte verfolgt, standen wir zumeist und mit schöner Regelmäßigkeit in (fast) allen Konflikten und Kriegen auf Seiten der Verlierer. Das ist des Sachsen Mentalität.
Er verliert nicht ungern. Das ist nun wahrlich keine Leistung. Aber etwas anderes ist dabei beachtlich. Nämlich, wie er solchen, scheinbar völlig verkorksten Situationen immer noch etwas Positives abgewinnen kann und stets rasch wieder obenauf ist. Aber Sie wissen es ja bereits, woher das kommt: weil er fischeland ist!

Zweimal die bewaffnete Macht: links ein Angehöriger der Leipziger Kommunalgarde, rechts der brave Nachtwächter mit Pike und Feuerhorn.

Echt Leipzig!

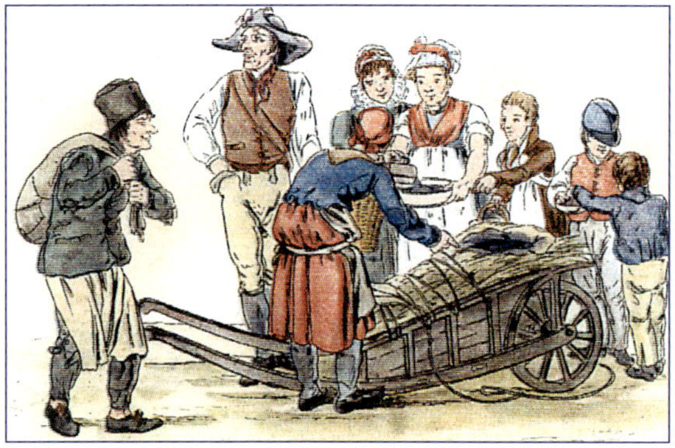

„He- He- He- Heedelbährn!“ Die Heidelbeerverkäuferin hatte mit ihrem Karren mindestens 25 km zurückzulegen!

Der Leipziger passt sehr gut hinein in das gezeichnete Bild des fischelanden Sachsen. Dabei sollte man den Schwerpunkt auf den Geschäftssinn legen. Aber etwas ganz Spezielles ist ihm noch eigen, nämlich eine besondere Form sächsischer Höflichkeit. Und das ist die Zuneigung, Fürsorge, ja das Sich-Verantwortlich-Fühlen gegenüber dem Fremden. Das ist ihm angeboren, das ist ihm eine Selbstverständlichkeit. Hier spielt natürlich eine jahrhundertealte Messetradition hinein. Der (finanzschwere) Fremde war das Huhn, das goldene Eier legt, und das galt es zu pflegen, zu umsorgen, dass es ja nur weiter lege. Das hat auch heute noch eine gewisse Bedeutung, wenn auch weit geringer, nämlich im Tourismusbereich.

Und was in diesem Zusammenhang typisch für ihn war und unverändert andauert, ist sein Hilfsbedürfnis! Ein Fremder mit Stadtplan auf der Straße, sich etwas hilflos umschauend. Da tritt der nächste richtige Leipziger sofort hinzu: „Gann'sch helfen, bidde?“ Dass in dem Moment seine lang erwartete Straßenbahn abfährt, interessiert ihn nicht. Wenn es länger dauert, bleibt es nicht bei einem Helfer und jeder bemüht sich ehrlichen Herzens, auch wirklich hilfreich zu sein. Und wenn der Fremde gar nicht begreift, wo's langgeht, dann bringt ihn der Leipziger eben persönlich zum Ziel. Da nimmt er gerne den Umboochn („Umbogen“– die längere Wegstrecke) in Kauf.

Die „Bäädstroooh“-Verkäuferin. Nach guten Geschäften – Bettstroh ausverkauft – auf dem Weg nach Hause.

Aber des Leipzigers Gastfreundschaft ist nicht vorgetäuscht oder lediglich auf schnöden Mammon bedacht. Nein, sie ist ehrlich und keineswegs von Haus aus nur auf Gewinn orientiert. Der Gast, das Gespräch, die Neuigkeiten sind ihm wichtig, denn der Leipziger ist seit alters her mitteilungsbedürftig, um nicht zu sagen schwatzhaft und – neugierig. Ein gutes offenes Verhältnis zu seinen Gästen ist ihm geradezu ein Plaisir.

Der Herr Kommandant der Freiwilligen Leipziger Turner-Feuerwehr. Spagat zwischen Barren und Rettungsleiter.

Mit dem Umboochn sind wir bei einem besonderen regionalen Ausdruck und wollen nun endlich zur Mundart, zu des Leipzigers Aussprache kommen.
Sprachforscher der ehrenwerten Sächsischen Akademie der Wissenschaften haben für den sächsisch-sprachigen Raum stolze 21 – wie das heißt – Mundartlandschaften zusammengestellt. Danach gilt für unser Leipzig das Südwestosterländische. Ein schöner Begriff! Allerdings – irgendwie fehlt Nord. Na ja, dann wäre es vielleicht doch etwas lang geworden. Mit Ostern hat es übrigens nichts zu tun.

Die Sprachbarrieren sind eng, die anderen 20 Mundarten wollen auch zu ihrem Recht kommen und so treffen wir schon 25 km im Umkreis, so in Eilenburg, in Wurzen und in Borna, nicht mehr die Leipziger Zunge an. Die Bornaer sprechen zum Beispiel etwas ganz anderes: westmeißnisch! Ich muss zugeben, das klingt eleganter als unser Südwest ... Na, Sie wissen schon.
Damit sei der Wissenschaft Genüge getan.

Wenige Worte nur zum Geschichtlichen unserer recht häufig geschmähten Mundart. Sie werden zugeben, das verblüfft: Das meißnische Sächsisch ist lange Zeit die anerkannte Amts- und Kanzleisprache im deutschsprachigen Raum gewesen. Sächsisch fließt in den frühen Buchdruck ein, es ist die Sprache keines Geringeren als Martin Luthers gewesen und bildet somit die Grundlage der deutschen Schriftsprache!

Und heute? – Richtiges Sächsisch hört man fast gar nicht mehr. Wir waren – und sind wohl auch noch – der einzige deutsche Volksstamm, der sich seiner Aussprache schämt. Den Kindern schärfte man ein, „schön" zu sprechen. Das gelang zwar nicht, aber die bodenständig-sprachlichen Eigenheiten sind damit unterdrückt worden. Eigenheiten eines Sächsisch, das etwas Liebenswertes hatte und unsere Mentalität ausdrückt: Sinn für Gemütlichkeit, etwas über den Dingen stehend, nicht alles so wichtig nehmend und fern einer modernen Hektik.
Sächsisch ist nicht einfach ein Dialekt, es **ist ein Stück Weltanschauung**!

Hunde spielten früher offenbar eine große Rolle. Natürlich beim Hundefänger, rechts dargestellt, mit dem besten seiner „Lockvögel". Ebenso bei dem eleganten Vierergespann des Sandhändlers.
„Sand, Sand, kooft weißen Sand!" Benötigt fürs Ziergärtchen und in der Küche (Scheuermittel).

Echt Leipzig!

Auf zwei Buchstaben könnten wir im Alphabet glatt verzichten: auf T und P. Deswegen blühen aber unsere Dulbn (Tulpen) genau so schön. Großen Bedarf haben wir dagegen am kleinen e. Das wird gern hinten angehängt, am liebsten alle Dache (jeden Tag). Wie richtiges Sächsisch klingt? Na, ja – da muss man's natürlich sprechen. Denn „dann erst wird's Sächsisch und die auf dem Papier apokalyptisch erscheinenden Buchstaben fügen sich zu unsäglich sinnvollen, melodischen Gebilden" (Hans Reimann). Versuchen Sie's doch mal. Ihre Familie wird begeistert sein! Also auf zur Sprechprobe:

Da gab mir z. B. die Oma (Jahrgang 1888; Drei-Kaiser-Jahr!) im rauhen Monat Dezember die hohen Winterschuhe mit den Worten: „Nu, mei Gleener, s' dicht'sch gald heide, derfst doch nich an de Knebberz'chn friern! Ich nehme ooch de warme Gobbguhge."
Für Ausländer, nicht mächtig des Südwest... Sie wissen schon: Die Gobbguhge war das Kopftuch und mit Knebberz'chn sind hier die Zehen gemeint. Genau genommen die vier kleineren. Der große Zeh hieß bei meiner Oma ganz anderes: Das war d'r Fleescher. „Schämd'sch, wiede widd'r rumleifsd, so ne Gardoffl vorne im Strumb – da guggd'je d'r ganze Fleescher raus!"

Aus Borna, die Leipziger sagten aus Zwiww'l-Borne, kam die Zwiebelverkäuferin zum Markt in die Stadt.

Selbstverständlich schwäbelt jeder Schwabe, jeder Bayer hat seinen populären Dialekt und jeder Berliner achtet darauf, dass man ja auch überall sein „Icke" deutlich vernommen hat. Das sei legitim, warum denn nicht.
Der Sachse aber tut sich in der Öffentlichkeit schwer und er weiß warum. Auf Grund seiner weithin verkannten und so gar nicht beliebten Sprache hält man ihn selbst für wenig kreativ und für geistig eher träge. Dass dem nicht so ist, bemerken Landsleute anderer Stämme dann, wenn sie einen Sachsen richtig kennen lernen. Oder wenn sie von einem solchen soeben an die Wand gespielt wurden.
Zu seinem Naturell gehört eine rasche Auffassungsgabe und eine ganze Portion Pfiffigkeit. Zugeben muss man allerdings, dass sich diese Anlagen nicht in seiner Sprache widerspiegeln. Es kann natürlich von Vorteil sein, unterschätzt zu werden, aber ganz ehrlich – dort liegt für uns schon ein Problem.

Ganz Würde im Dienst! Leipziger Polizeidiener unterwegs mit einer amtlichen Gerichtssache.

Nun, ich jedenfalls vermeide Sächsisch nicht nur nicht – ich propagiere es. Gern und oft.
Zugegeben: dort, wo es hin passt. Bei jeder Stadtführung unbedingt – etwas Sächsisches ist stets dabei. Und ich freue mich, damit das Interesse der Gäste und nicht selten deren Begeisterung zu erwecken. S duhd ja weeß Gnebbchn ooch hibsch kling', nich wahr!?

Des Leipzigers Lieblingstier

Von alters her und unbestritten ist des Leipzigers Lieblingstier der **Löwe**. Im **Stadtwappen** finden wir die kraftvolle Raubtiergestalt. Sein Ursprung liegt beim Meißnisch-Sächsischen Herrscherhaus, den Wettinern. Bereits im Hochmittelalter führten die einen rot und weiß gestreiften Löwen für ihren Thüringer Besitz. Markgraf Heinrich der Erlauchte (1218–1288) übernahm ihn dann in Farbänderung für die Mark Meißen. Der nun schwarze Löwe kam in einigen meißnischen Orten, so auch in Leipzig, ins Stadtwappen. Und das ziert er noch heute – siehe Titelbild. Den anderen Teil des Wappens bilden die beiden blauen „Landsberger Pfähle" auf goldenem Grund, Zeichen der **Mark Landsberg**, zu welcher Leipzig einst gehörte.

Briefmarke zum 75-jährigen Jubiläum des Leipziger Zoos, 1953.

Bereits zur Neujahrsmesse des Jahres 1669 wurde dem staunenden Leipziger Publikum sein Wappentier erstmals lebendig als Mohren verschlingende Bestie präsentiert. Aber erst durch den Tierpark, im Jahre 1878 von Ernst Pinkert gegründet, kam es zum besonderen Verhältnis des Leipzigers zu seinem Löwen. Denn Leipzig wurde zu einer „Löwenfabrik". In unserem Zoo erblickten über 2000 Löwen das Licht der Welt und diese Tiere wurden in alle Kontinente der Erde exportiert.
Aber Afrika doch ausgenommen!? Nein, auch afrikanische Zoos kauften Löwen in Leipzig!

Briefmarke zum 100-jährigen Jubiläum des Leipziger Zoos, 1978.

Im Oktober 1913 gab es die große Leipziger Löwenjagd. Beim Verkehrsunfall eines Zirkuswagens entsprangen acht Löwen. Sechs der Bedauernswerten wurden ohne Pardon zur Strecke gebracht, ein siebenter verwundet gefangen. Nur die kleine Polly überlebte unverletzt. Sie hatte sich in Bahnhofsnähe ins Hotel „Blücher" geflüchtet und konnte dort beruhigt werden. Keine Frage, dass der Name des Etablissements schon sehr bald wechselte: „Hotel zum Löwen".
In den dreißiger Jahren gab es ein Stadtfest unter dem Motto „In Leipzig ist der Löwe los". Und lange Zeit ist das Mitbringsel aus der Messestadt der Plüschlöwe „Lips" gewesen. Er wurde freilich später in seiner Popularität weit vom „Messemännchen" übertroffen.

Das Portal im Eingangsbereich des Leipziger Zoologischen Gartens. Der prächtige Mähnenlöwe weist ebenso auf Leipzigs Wappentier wie auf die „Löwenfabrik" hin.

Löwenstadt Leipzig – heute gibt's Probleme. Nur drei Löwen sind im Moment hier beheimatet. Zwei Damen und ein Herr. Immerhin: Nach jahrelanger Abstinenz gibt es jetzt wieder ein erstes Löwenbaby ...

Echt Leipzig!

Gern hört es der Leipziger, wenn man ihm sagt, dass seine Stadt attraktiv ist und weltweit bekannt. Das freut ihn, denn das ist bei knapp einer halben Million Einwohner (494 000) gar nicht so selbstverständlich.

Zur Erinnerung an die elegante Stecknerpassage, die sich zwischen Petersstraße und Thomaskirchhof befunden hat.

Ehrende Vergleiche für seine Stadt, wie eben **Klein-Paris** oder auch **Pleiß-Athen,** mag er. Er ist stolz auf die großen Söhne und Töchter Leipzigs (siehe unter „Leipziger Attribute"). Nicht minder trifft das auf berühmte Gäste zu. Da kann der Stadtführer mit Begeisterung z.B. am Königshaus am Markt ungemein klangvolle Namen von Persönlichkeiten nennen, die dort verkehrten: Zar Peter der Große, August der Starke, König Friedrich IV. von Dänemark, Kardinal Richelieu, Karl XII. von Schweden, Friedrich II. von Preußen, unser erster Sachsenkönig Friedrich August der Gerechte, Kaiser Napoleon, Fürst Schwarzenberg, Zar Alexander I., König Anton von Sachsen ...

Die Passagen der Stadt haben es uns angetan. Ihr Ursprung liegt bei den alten Handelsdurchgangshöfen. Leipzig war immer für sein Passagensystem berühmt. Wenn auch einige Opfer des Krieges geworden sind, am bedauerlichsten ist der Verlust der prächtigen Stecknerpassage, so ist uns doch vieles geblieben, und das wurde und wird liebevoll und aufwendig restauriert. Allen voran steht die berühmteste, die Mädlerpassage. Das „Ah" und „Oh" der Gäste dort bei **Auerbachs Keller** vernimmt man gern.

Wir alle, die wir mit dabei waren, sind stolz auf unseren **Herbst 1989**. Dass hier die friedliche Revolution ihren Anfang nahm, die zum Sturz der SED-Diktatur führte und zur kaum für möglich gehaltenen deutschen Wiedervereinigung, das war „ein Wunder biblischen Ausmaßes" (Pfarrer Christian Führer, Nikolaikirche).
Eine große, wunderbare Lebenserfahrung. Die Kraft der Straße, die unwiderstehliche Gewalt von hunderttausend Kerzen, die Macht der Machtlosen und die Ohnmacht der Mächtigen ...

Eine besonders sympathische Leipzigerin, die in der hier abgebildeten Form bis vor kurzem durch so viele Hände gegangen ist – und keiner wurde ihrer jemals überdrüssig: die berühmte Pianistin Clara Wieck, die im Jahre 1840 Gattin Robert Schumanns wurde.

Dass Tausende junger Leute aus ganz Deutschland und vielen anderen Ländern bemüht sind, in der Universitätsstadt Leipzig einen Studienplatz zu ergattern, ist erfreulich zu vernehmen. Verfallene Stadtteile und graue Industriebetriebe kommen zur Sanierung, zu frischen Farben und neuer Nutzung, nicht nur in Leipzigs Innenstadt. Gehen Sie mal offenen Auges durch den Vorort **Plagwitz**! Natürlich kann nicht alles in wenigen Jahren neu belebt werden, was ein halbes Jahrhundert lang zwei Diktaturen verkommen ließen.

Heute wieder prachtvoll, die Nonnenstraße in Plagwitz.

In einem großen Renaturierungsprozess wird die Mondlandschaft, welche der Braunkohlenabbau im südlichen Vorland Leipzigs hinterließ, beseitigt. Abraumhalden werden zu grünen Hügeln, Tagebaue zu blauen Seen. So unwahrscheinlich es jetzt noch klingt, Leipzigs Südraum wird bis 2012 über **mehr Küste** verfügen als die **Insel Rügen**. Dass der Leipziger auf seinen Hauptbahnhof stolz ist, davon wird noch die Rede sein.

Ein Leiptzische Jungfraw.

ZV Leiptzig hat es Jungfrauwen/
Die lassen sich warlich schauwen/
Von Angesicht gar wol gestalt/
Ihr Zucht mir für andern gefalt.

Aus dem „Frauen-Trachtenbuch" des Jost Amann, 1586.

Die so genannte Kneipenmeile hat es dem Leipziger angetan. An einem schönen Sommerabend glaubt man, ganz Leipzig sitzt bei Bier und Wein auf der Straße. Die „Meile" beginnt am Markt und endet erst weit in der inneren Westvorstadt. Unser Weihnachtsmarkt ist einer der meist besuchten in Deutschland und zieht mehr und mehr Touristen an.
Stolz ist der Leipziger natürlich aufs Gewandhaus, auf diese attraktive Stätte in der großen Tradition der Leipziger Musikpflege. Auch auf den immer attraktiver werdenden Zoo, von dem schon zu lesen war.
Ebenso auf die neuen Sportanlagen, das umgebaute Zentralstadion und die Arena Leipzig.

Habe ich an alles gedacht? – Wahrscheinlich nicht. Ach, natürlich, sie will ich auf gar keinen Fall vergessen: die, weithin anerkannt, zu allen Zeiten **hübschen Mädchen** unserer Stadt. Denn darauf ist er auch stolz, der Leipziger.

„Leipzig hat einen offenbaren Vorzug … nämlich die ganz wunderbare Anzahl hübscher Mädchen." Grillparzer, 1826

Wenn man sich diese fröhliche Leipziger Kaffeerunde vor dem Bachstüb'l anschaut, kann man Franz Grillparzer auch heute noch nur zustimmen. Von links: Susi, Diana, Melanie, Christine und Kellnerin Sandra.

Leipzigs neues Bildermuseum am Brühl. Die alberne Bierreklame wird an diesem Haus zum Witz: das Meisterwerk!

Nun will ich aber auch noch sagen, was dem Leipziger nicht gefällt, worüber er sich „ärcherd".
Allen voran ist das Kritik an seiner Stadt. Von unqualifizierter brauchen wir nicht zu sprechen.
Aber – ich muss es zugeben – auch berechtigte hört er gar nicht gern. Wenn andere an seinem Leipzig rummäkeln, das wurmt. Da kann ihm sogar die Höflichkeit gegenüber dem Fremden abhanden kommen. Nein, nein, ausfällig wird er nicht – er „diggschd".

Ich erkläre es Ihnen an einem Beispiel. Stadtrundfahrt durch Leipzig. Nehmen wir als Gast einen in der Welt weit gereisten. Stolz verweist der Gästeführer auf seinen Hauptbahnhof. „Der Zentralbahnhof in Chicago ist etwas größer und wurde in kürzerer Zeit erbaut", entgegnet unser Gast. Am reizenden Gohliser Schlösschen muss der Leipziger hören: „Na, ein Versailles ist es ja nicht." An der Russischen Kirche heißt es: „Eher bescheiden gegen die Isaak-Kathedrale." Nun fährt der Bus am Völkerschlachtdenkmal vorbei. „Oh, welch gewaltiges Monument ist denn das!?" „Geene Ahnung, stand gestern noch nich da." Sehen Sie, dieser Leipziger diggschd.

Selbst eine seiner Leidenschaften kann ihm verleidet werden, das Reisen. Falls Sie es noch nicht wissen: ein kaum begangenes Fleckchen Erde, das jemand zu „entdecken" meint: Zwei waren schon vor ihm da – ein Japaner und ein Sachse.
Wenn der Leipziger aber auf Reisen eventuell hinnehmen muss, dass man seine Stadt nicht kennt oder er gar gesagt bekommt, er sei ja leider aus einer recht wenig interessanten Gegend und habe nun das Glück, einmal etwas wirklich Schönes zu sehen – das trifft ihn tief.
Da wir beim Reisen sind, es gibt für den Leipziger in diesem Metier etwas noch Besseres als wegfahren: wiederkommen! Endlich wieder d'rheeme zu sein ... Und vergnügt stellt er fest, so viel Aufregendes er auch erlebt hat, so tolle Länder und Städte er auch sah (und das alles hat ihm auch richtig gut gefallen), sein Leipzig bedeutet ihm aber noch immer das meiste. Das war so und das bleibt so. Und nun fühlt er sich wieder richtig wohl in den geliebten Mauern.

Das alte Bildermuseum am Augustusplatz. Von Bomben beschädigt und 1962 abgebrochen. Welch ein Bau! Vergleichen Sie bitte – siehe oben.

Mit dieser Ansichtskarte von 1897 sollte es den Berlinern wieder einmal gegeben werden. Die Preußenausstellung, Berlin 1896, war finanziell ein Misserfolg, die Sächsisch-Thüringische, Leipzig 1897, erwirtschaftete Gewinne.

Und ein letzter Kummer soll nicht verschwiegen werden. Sozusagen ein hausgemachter für den Leipziger, nämlich der, wenn „die da oben" an seiner Stadt herumpfuschen. Wenn Altes unüberlegt oder sogar in kulturbarbarischer Schändung beseitigt wird. Die beiden schlimmsten Beispiele sind die Vernichtung der jüdischen Synagoge im Jahre 1938 und die der Paulinerkirche dreißig Jahre später, im Mai 1968.
Aber auch, wenn er die Primitiv-Architektur unserer Zeit hinnehmen soll – das empört des Leipzigers Gemüt. Die unschönen Lüftungsschächte der Tiefgarage am Augustusplatz nennt er abfällig Milchtöpfe. Viel Kritik gibt es für den Petersbogen und die Galeria Kaufhof, ganz besonders aber für den überdimensionalen Klotz am Brühl, der uns für sehr viel Geld als neues Kunst- und Bildermuseum beschert wurde.

Bei aller Verehrung für den Fremden – mit einem deutschen Stamm hatten wir Schwierigkeiten. Das sind die „Breiß'n", in Sonderheit ist es der Berliner gewesen. Die Abneigung resultierte zum einen daraus, dass uns Preußen recht übel mitgespielt hatte, denken Sie nur an den geschichtlichen Teil, an König Friedrich II.

Der zweite Grund liegt wohl in der vollkommen unterschiedlichen Mentalität. Dort finden wir den lauten, kriegerischen Preußen, selbstbewusst und siegessicher, und hier den ruhigen, gemiedlichen, den fischelanden Sachsen, der sich aus Kampf und Sieg so gar nichts machte.
Das konnte nicht harmonieren; die Vorbehalte pflegten beide Seiten. Keine Frage, das ist heute einfach nicht mehr von Bedeutung und enthielt wohl stets eine ganze Portion Komik.

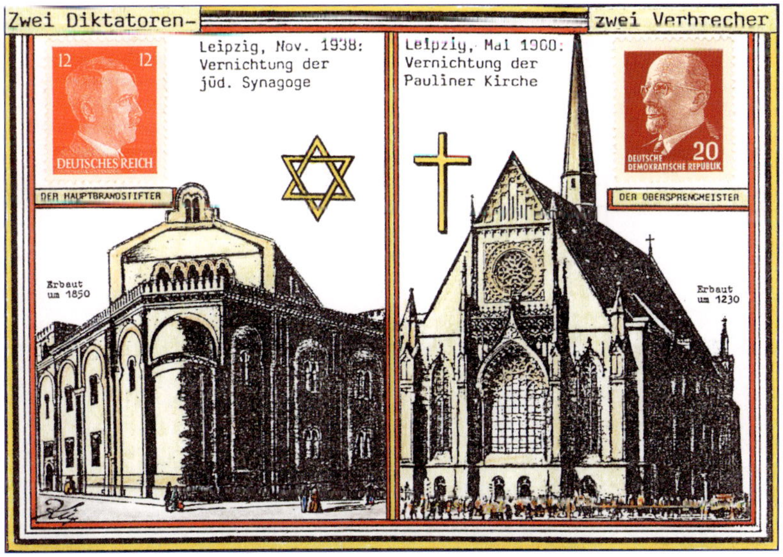

Meine „Karte des Protestes". Auf Postkarten kopierte Ansichten der beiden rassistisch oder politisch motivierten Gewalttaten zum Opfer gefallenen Leipziger Sakralbauten.

Echt Leipzig!

Der „nationalbewusst" speisende Leipziger kann sich ohne weiteres ein komplettes Menü zusammenstellen. Und so könnte es aussehen: Als Vorspeise gibt es eine würzige **Bärlauchsuppe**, Gemüse aus dem heimischen Auwald. Für das Hauptgericht wählt er natürlich sein **Leipziger Allerlei**. Das hat jeder schon gehört und kennt so gut wie keiner. Die landläufige Meinung: „Na ja, Gemüse, so durcheinander gekocht"– das trifft es nur zum kleinsten Teil. Was ist es nun wirklich? Sie werden überrascht sein! Bevor ich jetzt eine langweilige Auflistung der notwendigen Zutaten vornehme, erteile ich viel lieber dem Leipziger Mundartdichter Edwin Bormann das Wort, der das für mich – in hier besonders passendem Sächsisch – erledigt:

Weite Strecken in den Leipziger Flussauen sind mit dem Bärlauch bedeckt. Ein intensiver Duft und ein einziges Blühen – in jedem Maien aufs Neue.

„Welt de weeßt, ä heilches Feier
glieht in meiner Dichterbrust.
Niemals fröhnde meine Leier
nur der schneed'n Sinnenlust.
Immer egal ieb'
ich das Grundbrinzieb:
Meines Lied's erhabne Döhne
sich mit güld'nem Lorbeer kröhne!

Doch welch nie gegannde Gluhden
fiel ich pletzlich in mir flamm',
ungeahnde Wasserfluden
loof'n m'r im Mund zusamm'
Weh, oh weh, oh je –
Leibz'scher Allerlee !
Stolz d'r vaderländsch'n Giche;
mei Brinzieb gehd in de Briche ...

Un nu buzt m'r das Gemiese,
doch ganz frisch – das musses sinn!
Schabd de Mehre mir, de Siesse,
schneid'n Gollerawie, awwer dinn!
Bohnen nein un Blumengohl,
Schodennibbser och, jawohl.
Und in vollem Glanze
zeiche sich de Sbarchelflanze.

Von des Krebses roter Leiche
fix das Schwänz'chn abgedrehd
un mit ä ganzen Budderdeiche
filld sei hibsches Banzerkleed.
Un die scheene Sache will's,
dass d'r leggre Morchelbilz
mit d'r Gleeßchen langer Reihe
Gaum' un Oochen uns erfreie.

Braded nu noch Galbsgoddledden
als'n Schlusssteen eirer Mieh –
de Olymbier, mechd'ch wetten,
neid'n uns das Brachtmenie.
Fromm, frei, frehlich, frisch
setz'sch mich an' Gichentisch
und winsche gödderfunkenfreidig
„Prost" und „Mahlzeit" allerseitig.

Mit Sicherheit das am schwierigsten zu Beschaffende für's Allerlei: die Rundmorcheln.

Danke, lieber Edwin. Famos, wie man zu deiner Zeit sagte. Die Ingredienzen für der Klößchen „langer Reihe“, habe ich erfahren, seien immer das Geheimnis der tüchtigen Hausfrau oder Köchin gewesen. Kräftig, würzig sollen sie sein. Man muss einräumen, für das echte Leipziger Allerlei gibt es Zutaten-Beschaffungs-Schwachpunkte. Allem voran betrifft das den „Bilz“, die selten gewordene Rundmorchel, gefolgt von den „abgedrehten“ Krebsschwänzen. Ein Meisterkoch wird geschickt zu improvisieren wissen. Doch meisterlich und original ist es dann nicht mehr. So finden Sie das Gericht auch in ersten Leipziger Häusern höchst selten oder gar nicht auf den Speisekarten.

Na, sieht das nicht appetitlich aus!? Die feinen Zutaten zum „Leipziger Allerlei“ warten auf die Zubereitung.

Über das Tafelgetränk des Leipzigers gibt es keine Diskussion: Das ist selbstverständlich die **Leipziger Gose**. Ein etwas säuerliches obergäriges Bier, frisch und erfrischend, mit geringem Alkoholanteil. Ähnlich dem Weißbier, doch weit delikater – behauptet der Lokalpatriot. Gut pur zu trinken, fein auch veredelt mit Waldmeister- oder Himbeersirup. Gemixt mit Leipziger Allasch, einem Kümmellikör, wird’s etwas kräftiger. Auch der Likör ist eine Spezialität der Messestadt.

Schöne alte Goseflasche und das „Stengelglas“ auf einer prächtigen Gose-Werbekarte vom Jahre 1910.

Einen Wermutstropfen finden wir in der Gose – ein kriegerischer Preuße soll sie zu uns gebracht haben! Der Alte Dessauer, Fürst Leopold von Anhalt, Oberkommandierender der preußischen Truppen, die 1745 Leipzig besetzten.

Echt Leipzig!

Das grämt doch etwas. Der hatte in seinem Mundvorrat die süffige Gose. In der Harzgegend um Goslar war sie beheimatet. Keine Frage, dass wir bald selber brauten – und wie. Fast in Vergessenheit geraten war sie zu DDR-Zeiten, als man sie nicht mehr bekam. Aber heute, in alter Qualität gebraut, ist sie wieder sehr beliebt. In der historischen **Goseschenke** „Ohne Bedenken" in Leipzig-Gohlis und im **Gasthaus Bayrischer Bahnhof** (mit eigner Gosebrauerei!) läuft sie an warmen Sommerabenden in Strömen. Nochmals zum Jahr 1745: Natürlich verloren wir, mit Österreich verbündet, den 2. Schlesischen Krieg. Doch siehe, hier auf die Gose bezogen: Auch das hatte wieder einmal sein Gutes!

Und zum Dessert? Na, keine Frage – da nimmt der Leipziger eine **Leipziger Lerche**. Und trinkt dazu natürlich seinen geliebten **Kaffee**. Ob Hauben- oder Feldlerchen, diese fröhlich in den Sommertag hineinjubilierenden Vögel wurden im alten Leipzig auf den Feldern rings um die Stadt in Massen gefangen. Gebraten kamen die armen Tierchen im Sechserpack auf den „Leipziger Lerchenspieß". Diese Delikatesse war bei den Leipzigern und ihren Gästen ein Begriff. Selbst Casanova schwärmte, er sei nach einem heftigen Messeabenteuer durch einige Lerchenspieße wieder zu Kräften gekommen.

Im August 1860 wurde das Leipziger Land von einem verheerenden Hagelschlag heimgesucht. Hagelkörner bis zu 10 Loth Gewicht (etwa 160 Gramm!) stürzten hernieder, zertrümmerten in der Stadt Dachziegel und Fensterscheiben – und erschlugen auf den Feldern eine Unmenge der schutzlosen Lerchen. Wenig später verfügte ein wohlweiser Leipziger Rat das Verbot des Lerchenspießes, um die Populationen vor der Ausrottung zu bewahren.
Aus war's mit den Leipziger Lerchen ...
Doch nur wenig später kam der ehrbaren Innung der Leipziger Bäcker eine tolle Idee: Man ließ eine völlig veränderte Lerche in der Form eines feinen Marzipangebäcks wieder aufleben. Und ein jedes der lerchengroßen Stücke bekam obenauf ein Kreuz zur Erinnerung an die vielen getöteten Vögel. So erhält man die Leipziger Lerche bis auf den heutigen Tag. In puncto Popularität stehen diese geschmacklich ganz veränderten und völlig friedlich „erbeuteten" Lerchen ihren gefiederten Namensgebern in nichts nach.

Die Abbildung eines Hagelkornes, das am 27. August 1860 auf Leipzig niederging, in Originalgröße. Gewicht 8 Loth = 136 Gramm!

Sachsens Kurfürst Johann Georg III. (1647–1691) auf einem 2/3-Thaler aus dem Jahre 1686.

Das Kaffeegedeck mit den Leipziger Lerchen.

Leipzig und Kaffee – darauf hat schon Bach eine Kantate geschrieben!
Nach dem ersten großen Sieg der Christenheit über die Muselmanen erreichte der Kaffee ausgangs des 17. Jahrhunderts Leipzig. Einer unserer wenigen kriegerischen Landesherren, Kurfürst Johann Georg III. (mit Beinamen „Sächsischer Mars"), war dem Reich mit seinen Sachsen in höchster Bedrohung zu Hilfe geeilt. Sommer 1683: Die Türken belagerten Wien. Und jetzt standen wir doch tatsächlich einmal auf der Siegerseite! Aus der Kriegsbeute wählte der Kurfürst unter anderem einige Säcke mit den Bohnen des bis dahin in unseren Breiten völlig unbekannten Türkengetränks, des Kaffees.

Letzte Station auf dem Heimweg nach Dresden war Leipzig. Ein Hoch auf die tapferen Krieger und den ruhmreichen Feldherrn! Und der kam nicht mit leeren Händen: Die Leipziger konnten sich ihr erstes „Schälch'n Heeßen" aufbrühen – Liebe auf den ersten Schluck!
Die Begeisterung für den Kaffee führte in Leipzig bereits 1694 zur Eröffnung des ersten deutschen Kaffeehauses. Das befand sich am Markt. 1720 öffnete der berühmte Coffeebaum in der Kleinen Fleischergasse. Der Wirt, Johann Lehmann, konnte sich über das Prädikat eines „Hof-Chocoladiers" freuen, verliehen von August dem Starken nach einer Einkehr zur Messezeit.

Die Liebe zum Kaffee ist uns bis heute nicht verloren gegangen und wahrscheinlich hörten Sie schon vom „Kaffeesachsen". Vielleicht auch vom Bliemchengaffee? Aber Sie wissen nicht so richtig, was das ist? Bitte sehr: Nicht ständig zu bekommen und teuer war der Kaffee. Da wurde schon mal gespart und etwas dünn gekocht. So konnte es passieren, dass man durch das nun recht helle Gebräu die zierende kleine Blume am Boden der feinen Meißner Porzellantasse sah ... Das war dann allerdings nur noch – Bliemchengaffee.

Daher also der Name „Bliemchengaffee".

Das Siegel der Leipziger Universität.

Wenn auch nicht von A bis Z, so aber doch von B bis V, von Bildung bis Verkehr, kann Leipzig mit Besonderheiten aufwarten, die nicht jede Stadt zu bieten hat – mit Attributen, die ich Ihnen gern näher bringen möchte.

Stadt der Bildung

Gleich eingangs sei unser berühmtester Student zitiert, der kleine **Goethe**. 16-jährig kam er in unsere Stadt und studierte hier von 1765 bis 1768 die Rechte. Im Kreis der Freunde, in der Runde der Leipziger Wein- und Bierwirtschaften und im Reigen der allzeit attraktiven Leipziger Mädchen fühlte er sich auch ausnehmend wohl. Mit Freude nahmen wir zur Kenntnis, dass er uns im Faust I das Kompliment machte: „Mein Leipzig lob‘ ich mir, es ist ein Klein-Paris und bildet seine Leute.“ Zudem ist Auerbachs Keller die einzige exakt benannte Örtlichkeit im ganzen Faust! Man sehe uns nach, dass sich die Leipziger auch heute noch etwas darauf einbilden …

Wir bleiben beim Hauptbildungsträger, der **Leipziger Universität**, Hort der Wissenschaften, mit Höhen und Tiefen. Letztere durch Kriege, religiöse Eiferer (Reformationszeit!) oder durch die politischen Diktaturen 1933–1990 bedingt.

Keineswegs nur Goethe verlieh der Landesuniversität der Wettiner Glanz. Einige weitere berühmte Namen sollen genannt werden. Dabei kann man den Bogen spannen vom Ablasshandel bis zum Nobelpreis: Johannes Tetzel und Heinrich Stromer („Dr. Auerbach“), Heinrich Schütz und Gottfried Wilhelm Leibniz, Christian Thomasius und Christian Fürchtegott Gellert, Friedrich Gottlieb Klopstock und Gotthold Ephraim Lessing, Johann Gottlieb Fichte, Johann Gottfried Seume, Robert Schumann und Richard Wagner, Wilhelm His, Wilhelm Wundt und Paul Flechsig, Wilhelm Ostwald und Carl Sudhoff, Werner Heisenberg und Hans Meyer.

Die offizielle Ansichtskarte zum großen 500-jährigen Universitätsjubiläum. Festwoche im Juli 1909.

Und aktuell? – Heute sind an der Universität Leipzig rund 30 000 Studenten immatrikuliert. Beachtliche Neubauten wie das Geisteswissenschaftliche Zentrum und das Forschungszentrum „Bio-City“ zeugen von strebendem Geist. Großes wird erwartet zum 600-jährigen Gründungsjubiläum 2009. Möge sich dabei die Universität ihrer Geschichte, ihrer Tradition und der Pflicht zur Repräsentanz für die Stadt Leipzig bewusst erweisen.

Buchstadt Leipzig

Weltoffen und wissbegierig ist er, der Leipziger, aber auch durch und durch Handelsmann. So paarte sich frühzeitig eigenes Interesse mit der Erkenntnis, wie begehrt das gedruckte Wort in dieser epochalen Erfindung werden würde. Der Vertrieb musste lukrativ sein!

Bereits 1440 ist der Buchdruck erfunden worden, aber erst ab 1481 entstanden in Leipzig Bücher. Doch noch vor dem Druckgewerbe ist der Buchhandel an der Pleiße nachweisbar. Er entwickelte und mehrte sich. Im Jahre 1612 hat es in Leipzig bereits 14 Buchhandlungen gegeben.

Über Jahrhunderte hinweg gelang es, alles um das Buch in Leipzig voranzubringen, bis zur absoluten Spitzenstellung im Deutschen Reich. Männer wie Breitkopf, Härtel, Brockhaus, Baedeker, Reclam, Meyer oder Seemann gründeten Verlage, die Weltruf erlangen konnten. Hier befanden sich die Deutsche Buchhändlerbörse, das Buchgewerbehaus und die Buchhändlerlehranstalt. Und natürlich war es Leipzig, wo zur Sammlung allen aktuellen deutschsprachigen Schriftgutes die Deutsche Bücherei gegründet wurde.

Die Buchgewerbe Weltausstellung wurde im August 1914 abgebrochen wegen Ausbruch des Ersten Weltkrieges.

Um 1910 erschienen in Leipzig jährlich bis zu sechstausend Werke. Das war weltweit einmalig. Die Hochschule für Buchkunst und Grafik wurde hier eröffnet. Und Leipzig, die Messestadt, hatte natürlich auch eine spezielle Messe für Bücher. Diese großen Zeiten im Leipziger Verlagswesen und im Buchhandel sind leider vorbei. Die zwei Weltkriege, schreckliche Zerstörungen und sozialistische Enteignungen führten zum Rückgang.

Und aktuell? Die verbliebenen Verlage und die neu etablierten haben es nicht leicht. Große Konkurrenz, aber auch die bedauerliche Tatsache, dass nicht mehr so viel gelesen wird, fordern ihren Tribut. Was jedoch optimistisch stimmt, ist, dass die uns verbliebene Buchmesse mit steigenden Interessentenzahlen aufwartet. Schön ist auch, dass es sie durchaus noch gibt, die Menschen, die es zu schätzen wissen, das liebevoll, mit Sachverstand und Kompetenz gestaltete Buch in den Händen zu halten und sich des gedruckten Wortes zu erfreuen.

Damit Sie endlich wissen, was man unter Buchdruck zu verstehen hat! Skulptur: Alfred Leistner, Leipzig.

Echt Leipzig!

Handels- und Messestadt

Bereits gegen Ende des 14. Jahrhunderts zählte Leipzig, gemeinsam mit Frankfurt und Nürnberg, zu den wichtigsten Handelsplätzen des Heiligen Römischen Reiches. Mit Fleiß und Zähigkeit gelang es den Leipzigern, diese Konkurrenten zu überflügeln. Jahrhundertelang, nur in Kriegszeiten gestört, blieben die Messen Lebenselixier und Haupteinnahmequelle der Stadt. Der Handel blieb stets untrennbar mit Leipzig verbunden und hier öffnete 1898 die erste **Handelshochschule** der Welt.

Im Jahre 1895 gab es einen Wandel. Die Warenmessen wurden abgeschafft. Es war räumlich nicht mehr möglich, sämtliches Handelsgut in Leipzig zu zeigen. Die Firmen wurden angewiesen, Warenmuster zu präsentieren. In Leipzig war die **Mustermesse** erfunden worden.

1904 entfiel die Neujahrsmesse. Leipzig richtete von nun an die **Frühjahrs- und Herbstmesse** aus. Besucherströme bis zu 700 000 Menschen sind dabei keine Seltenheit gewesen.

„Besondere" Messesonderbriefmarken: 800-jähriges Jubiläum der Messen zu Leipzig im Jahre 1965.

Auch zu DDR-Zeiten sind die Messen außerordentlich stark frequentiert gewesen. War doch Leipzig die weltweit anerkannte Drehscheibe des Ost-West-Handels. Mit der Herausnahme der Messe aus der Innenstadt und Schließung des alten Messegeländes verlor die Leipziger Messe nach der Wende viel von ihrem Flair und musste einen starken Rückgang hinnehmen. Die Hannovermesse wurde jetzt zur führenden in Deutschland. Sie ist etwas jünger als die Leipziger – so an die 800 Jahre ...

Und aktuell? – Die zahlreichen kleinen Fachmessen in Leipzig können im Vergleich mit früheren Zeiten nicht bestehen. Dabei muss man freilich bedenken, dass der Strukturwandel der Messen ein weltweiter ist und es heute, im Zeitalter sekundenschneller globaler Kommunikation, des unmittelbaren Verkäufer – Kundengesprächs nicht mehr bedarf. Wer aber die alten Leipziger Messezeiten erlebt hat, dieses tausendfache hektisch-fröhliche Kribbeln und Krabbeln in der Stadt, samt der Wiedersehensfreude nach jeweils einem halben Jahr, der kann nur sagen: Diese Entwicklung ist zu bedauern.

Zur Feier der 400-jährigen Wiederkehr der Bestätigung und Erweiterung der Leipziger Messeprivilegien gab es im Jahre 1897 die größte Schau, die Leipzig jemals sah: Die Sächsisch-Thüringische Industrie- und Gewerbeausstellung. Ansichtskarte mit Schirmherr König Albert von Sachsen.

Stadt der Medien

Stets hatten die Leipziger ein hohes Informationsbedürfnis. Schon im Hinblick auf das Messegeschehen war es für sie wichtig, mit Neuigkeiten aus aller Welt versorgt zu werden. So ist es nicht verwunderlich, dass in unserer Stadt der **Welt erste Tageszeitung** erschien. Und das waren – bereits im Jahre 1650 – die „Neu einlaufenden Nachrichten“. Herausgeber war der Drucker Timotheus Ritzsch.

Leipziger Zeitung

Nr. 201. Donnerstags den 21. October 1813.

Zeitungskopf aus schwerer Zeit: Oktober 1813.

Die Zeitung blieb auch weiterhin von großer Wichtigkeit für den Messestädter und die Neuerungen der Branche nahmen in Leipzig ihren Anfang, so z.B. die erste deutsche Zeitung mit Bildern. Das war im Jahre 1843 Johann Jakob Webers **„Illustrirte Zeitung“**. Zehn Jahre später erschien in Leipzig das erste deutsche Unterhaltungsmagazin: Am 1. Januar 1853 gab es die Nr. 1 von Ernst Keils **„Gartenlaube“**. Die größte Blüte erlebte das Zeitungswesen in den zwanziger Jahren. 1928 hatte Leipzig acht Tageszeitungen, die natürlich auch sonntags erschienen. Die Gesamtauflage belief sich auf eine Stückzahl von mehr als 350 000.

Am 1. März 1924 nahm der **Rundfunksender Leipzig** (MIRAG) seinen Dienstbetrieb auf. „Hallo, hallo, hier ist Leipzig“, konnten die vorerst noch wenigen Leute vernehmen, die bereits über einen Radioempfänger verfügten.

Wunderbar umgebaute ehemalige Druckerei: heute Verlagsgebäude der Leipziger Volkszeitung am Peterssteinweg.

Und aktuell? – Heute hat der **mdr**, der Mitteldeutsche Rundfunk, seinen Sitz in Leipzig und Halle. Die Sendezentrale befindet sich im völlig umgestalten Betriebsgelände des ehemaligen Schlachthofs. Daran schließt sich die **„Mediacity“** an mit Ton- und Aufnahmestudios. Die LVZ, die **Leipziger Volkszeitung**, hat gegenwärtig eine Auflagenhöhe von 285 000 Exemplaren, einschließlich der Regionalausgaben. Damit zählt sie zu den auflagestärksten deutschen Tageszeitungen. Sonntags gibt es freilich keine mehr ...

Wunderbar umgebauter ehemaliger Schlachthof: heute Gebäudekomplex des Mitteldeutschen Rundfunks an der Kantstraße.

Die Musikstadt

Die älteste Musikausübung in Leipzig wird auf die Augustiner-Chorherren des Thomasklosters zurückgehen. Und belegt ist, dass zur Zeit der Klostergründung (1212) auch ein Knaben-Chor ins Leben gerufen wurde. Jener, der einmal Weltgeltung erlangen sollte. Die **Thomaner** und **Johann Sebastian Bach**, ihr berühmtester Kantor, der das Amt von 1723 bis zu seinem Tod im Jahre 1750 innehatte, stellen geradezu das Markenzeichen Leipzigs als Musikstadt dar. Die Thomaner oder „Thomasser", wie sie sich selbst nennen, das sind rund 90 Knaben und junge Männer im Schulalter, also 6- bis 18-jährig. Thomasschule sowie das Internat, ihr „Kasten", befinden sich in der Leipziger Hillerstraße. Bis zu einem Alter von etwa 12 Jahren tragen sie die klassischen Matrosen-, später dann schwarze Anzüge.

Die städtische Musikpflege beginnt im Jahre 1479: Leipzigs Rat stellte drei **Stadtpfeifer** an. Bis 1805 wurden es dann acht. Bei Feierlichkeiten aller Art hatten sie aufzuspielen.
Künstlerisch weit bedeutender als die Ratsmusik wurde in Leipzig die bürgerliche Musikausübung. So das von Georg Philipp Telemann im Jahre 1703 gegründete Collegium musicum oder auch das Große Konzert. Dazu fanden sich im Herbst 1743 16 Musiker zusammen.

Robert Schumann (1810–1856)

Das wichtigste der privaten Konzerte wurde 1775 ins Leben gerufen. Johann Adam Hiller gründete die Musikübende Gesellschaft, ab 1781 „Leipziger Concert" benannt. Als Spielstätte konnte eine freie Etage im Haus der Tuchmacher gemietet werden, im Gewandhaus, wie es die Leipziger nannten.
Mit dem ersten dort vorgetragenen Konzert, es fand am 25. November 1781 statt, waren die Leipziger **Gewandhauskonzerte** geboren. Bereits im Jahre 1840 übernahm die Stadt das Gewandhausorchester und im Jahre 1884 konnte im entstehenden Leipziger Musikviertel das elegante Neue Gewandhaus eröffnet werden.
Das 1943/44 bombardierte Haus wurde 1968 abgerissen und am damaligen Karl-Marx-, heute wieder Augustusplatz, entstand Leipzigs drittes Gewandhaus, eingeweiht am 8. Oktober 1981. Am gleichen Tag, 21 Jahre zuvor, also am 8. Oktober 1960, war das dem Gewandhaus gegenüberliegende **Opernhaus** eröffnet worden.

Das zweite Leipziger Gewandhaus mit dem Mendelssohndenkmal an der Beethovenstraße. Das Denkmal wurde von den Nazis vernichtet. Rechts die Universitätsbibliothek. (Foto 1902)

Felix Mendelssohn-Bartholdy (1809–1847)

Eine Aufzählung der Berühmtheiten der Musik, die in Leipzig gewirkt haben, würde den Rahmen dieser kleinen Abhandlung sprengen. Einer aber muss Erwähnung finden: **Felix Mendelssohn-Bartholdy**. Er, der „Wiederentdecker" der Bach'schen Musik, gründete im Jahre 1843 Leipzigs Conservatorium der Musik, das erste in Deutschland. In einem bescheidenen Hofgebäude im Neumarkt hatte es seinen Sitz. 1887 konnte dann das neu erbaute Königliche **Konservatorium** in der Grassistrasse bezogen werden. Das ist die heutige Hochschule für Musik und Theater, die den Namen Felix Mendelssohn-Bartholdys trägt.

Neue Leipziger

Zeitschrift für Musik.

Herausgegeben

durch einen Verein von Künstlern und Kunstfreunden.

Erster Jahrgang. № 1. Den 3. April 1834.

Die erste Nummer der Zeitschrift für Musik, April 1834. Herausgegeben von Robert Schumann. Diese Zeitschrift gibt es noch heute.

Und aktuell? – Gewandhaus- und andere Konzerte sowie Oper und Operette sind gut besucht. Die Liebe der Leipziger zur Musik ist ungebrochen. Das belegen z.B. auch das Bachfest oder die Classic open im Herzen der Stadt. Dabei ist der Markt an schönen Sommerabenden randvoll gefüllt von Leipzigs Musikfreunden.

„Herz und Hand dem Vaterland." Offizielle Postkarte zum 12. Deutschen Turnfest, Leipzig, 12.–16. Juli 1913.

Stadt des Sports

Leipzig sah frühzeitig große Sportereignisse. So das III. Deutsche Turnfest im Jahre 1863, ebenso das XII., das 1913 stattfand oder das 1. Deutsche Arbeiter- Turn- und Sportfest im Jahr 1922. Das sind zwar bedeutende Höhepunkte im Sportgeschehen gewesen, aber zur eigentlichen Sportstadt wurde Leipzig erst in der DDR. 1956 wurde „von oben" festgelegt, dass die DDR- Turn- und Sportfeste generell in der Messestadt auszutragen sind.
In Leipzig befand sich seit 1950 die DHfK, die Deutsche Hochschule für Körperkultur. Das war die Medaillenschmiede der DDR. Hier wurden Sportler zu Weltrekorden und Olympiasiegen befähigt und trainiert – und das in unglaublicher Anzahl.

Echt Leipzig!

Zeit und Geld spielten bei erkanntem Talent keine Rolle. Und dass man in der Ausbildung junger Sportler hart an die Dopinggrenze ging und von Fall zu Fall auch weiter, ist heute kein Geheimnis mehr. Der Medaillensegen bei Weltmeisterschaften und Olympischen Spielen stellte die einzige Möglichkeit für den Staat dar, die dringend gewünschte internationale Beachtung zu finden. Für die „größte und schönste DDR der Welt“, wie wir damals sagten.

Leipzig erhielt das größte deutsche Stadion, das 100 000 Zuschauer fassende **Sportforum**. Dort, im 1956 eingeweihten Zentralstadion, fand das größte Fußballspiel statt, das es je in Deutschland gab und das es so niemals wieder geben kann. Denn 110 000 Zuschauer sahen das Treffen Meister Ost (Karl-Marx-Stadt) gegen Meister West (Kaiserslautern). 10 000 Stehplatzkarten wurden noch zusätzlich verkauft. Sicherheitsbedenken gab es nicht, gewaltbereite Randalierer waren damals unbekannt. Das Resultat hieß 5:3 für Kaiserslautern, dabei das „Jahrhunderttor“ von Fritz Walter.

Eine Karte an mich selbst. Geschrieben fünf Wochen vor dem großen Spiel vom 6.10.56. Aus Protest gegen die Zwangseingliederung von Aue zu Wismut Karl-Marx-Stadt, was 1954 erfolgte, sagten wir noch immer „Aue“.

DDR-Briefmarke 1968

Ach ja, der Fußball ... Leipzig, einst Hochburg dieser beliebtesten Sportart, kann im Moment leider nur mit unterklassigen Mannschaften aufwarten. So soll wenigstens an drei historische Ereignisse erinnert werden: Im Jahre 1900 wurde in Leipzig der Deutsche Fußballbund (DFB) gegründet. Der Verein für Bewegungsspiele (VfB Leipzig) war 1903 der erste deutsche Fußballmeister. Und Chemie Leipzig, der populäre Arbeiter-Sportverein, erkämpfte zwei DDR-Meistertitel, 1950/51 und 1963/64.

Das völlig umgebaute und neu gestaltete Zentralstadion, eröffnet im Frühjahr 2004. Blick über die Regattastrecke des Flutkanals.

Und aktuell?– Mit der **Arena Leipzig** besitzen wir eine der attraktivsten deutschen Sporthallen und das Sportforum ist zum hochmodernen und schmucken neuen **Zentralstadion** umgestaltet worden, zum Herzstück der Sportstadt Leipzig.

Stadt der Pelze

Das Attribut Pelzstadt hat für Leipzig heute leider keine Bedeutung mehr. Aber die Stadt Leipzig war einmal das internationale Zentrum des Pelzhandels. Hier fand die vornehme Welt die edelsten Stücke in den Luxusklassen der Branche, in Silber- und Blaufuchs, in Breitschwanz und Nerz, in Chinchilla und Karakul. Leipzigs Ausnahmestellung begann im Spätmittelalter und dauerte an bis zum ersten Drittel des 20. Jahrhunderts. In den zwanziger Jahren waren in **Leipzigs Rauchwarenbranche** mehr als 11 000 Menschen beschäftigt, die der Stadt 40 Prozent ihrer Steuereinnahmen sicherten.

Werbung um 1900, Pelzfirma Barthel, im Leipziger Brühl.

Ein ganzes Viertel in der Innenstadt stand vollkommen im Dienste der Pelzhandels: vorrangig der **Brühl**, aber auch die Nikolai- und die Ritterstraße. Große Namen waren dort zu finden. Weltfirmen wie Ariowitsch und Eitingon, Erler und Harmelin, Leipoldt und Selters, Thorer und Ullmann. Die **Deutsche Kürschnerschule** und das **Pelzmuseum** befanden sich in Leipzig.

Mit drei furchtbaren Schlägen ist der blühende Leipziger Pelzhandel in wenigen Jahrzehnten zerstört worden. Das Pelzgeschäft, die Rauchwarenveredlung, der Brühl, wie man kurz sagte, befand sich weitgehend in jüdischer Hand. Erste Fachleute waren dort tätig. Ihre rassistische Verfolgung durch die Nazis stellte den ersten schweren Schlag gegen den Brühl dar. Die entsetzlichen Bombenschäden des Zweiten Weltkrieges folgten, sozialistische Enteignungen besorgten den Rest. Als VEB Rauchwarenkombinat Leipzig gab es nochmals kleine Erfolge. 1960 fand wieder eine Rauchwarenauktion statt. Doch mit dem letzten Schlag kam es nach und nach zum Erlöschen des Brühls. Er wurde bewirkt durch Modeveränderungen und umweltbewussteres Verhalten der Menschen. Lieber nackt als im Pelz, hieß damals die Devise.

Der Brühl im Pelzschmuck zum Besuch des letzten Sachsenkönigs Friedrich August III., Februar 1905.

Und aktuell? – Heute finden Sie im „Pelz-Brühl“ keine einzige Rauchwarenfirma mehr.

Verkehrszentrum

Im Bereich des Straßen- und des Luftverkehrs bietet Leipzig keine Besonderheiten. Ganz anders sieht es dagegen bei der Eisenbahn aus. Dass Leipzig zum Verkehrszentrum wurde, ist einem weitblickenden Eisenbahnpionier zu verdanken, dem Schwaben **Friedrich List**. Sein kühner Plan, ein deutsches Eisenbahnnetz aufzubauen mit Leipzig als zentralem Punkt, fand um 1835 breite Unterstützung der Leipziger Bank- und Geschäftswelt.

Hübsches Bild aus der frühen Eisenbahnzeit.

In bewundernswerter technischer Spitzenleistung wurde die erste Fernbahn in Deutschland erbaut. Im April 1839 konnte diese, die **Leipzig-Dresdner-Eisenbahn**, ihren Dienstbetrieb aufnehmen. Ihr Erfolg ließ Kritiker verstummen und löste Signalwirkung aus. Fünfzig Jahre später verfügte das Königreich Sachsen über das dichteste deutsche Eisenbahnnetz. Die Strecken gingen von sechs Leipziger Bahnhöfen aus! Dieser Zustand erforderte lange Umsteigzeiten und ein ständiges Umladen von Gütern. Das wurde um 1900, bedingt durch den immer stärker werdenden Eisenbahnverkehr, ein unhaltbarer Zustand. Die Stadt Leipzig mit dem stärksten Verkehrsaufkommen in Deutschland bekam den großen zentralen Kopfbahnhof. 1915 war der **Leipziger Hauptbahnhof** fertig, einer der imposantesten Bahnhöfe der Welt.

Nach hervorragendem Umbau zu den „Promenaden Hauptbahnhof" ist er ein Prachtstück, eine Touristenattraktion geworden. Ich behaupte, es ist der interessanteste und auch einer der saubersten Bahnhöfe in Deutschland.

Und aktuell? – Gegenwärtig beginnen die Arbeiten zum so genannten **Citytunnel**, einem gewaltigen Eisenbahn-Verkehrsvorhaben. Der Tunnel wird die Leipziger Innenstadt vom Hauptbahnhof zum Bayrischen Bahnhof unterqueren. Das Projekt knüpft damit an ein bereits in der Bauzeit des Hauptbahnhofes entstandenes Teilstück für einen U-Bahntunnel an. Das Untergrund-Messehaus am Markt soll einbezogen und zu einem Haltepunkt ausgebaut werden.

Blick von der Goethestraße auf Dresdner und Magdeburger Bahnhof. Heutiger Standort des Hauptbahnhofs. Foto um 1905.

Natürlich können in einem Buch über Leipzig nicht die Sehenswürdigkeiten und Besonderheiten der Stadt ausgespart bleiben. Dieser letzte große Abschnitt möchte sie Ihnen zeigen und vorstellen.
Zunächst soll das bedeutendste Ereignis in der Stadtgeschichte im Mittelpunkt stehen: die **Völkerschlacht** und das Gedenken an das blutige Ringen in den Oktobertagen des Jahres 1813.

Diese Medaille auf den Sieg der Verbündeten ist noch 1813 geprägt worden.

Rund eine halbe Million Krieger standen sich in den Tiefebenen um Leipzig gegenüber. Etwa jeder Vierte von ihnen verlor in der gewaltigen dreitägigen Schlacht sein Leben. Ernst Moritz Arndt schrieb bereits 1814, dass dem großen Sieg und dem Ende der napoleonischen Fremdherrschaft auf deutschem Boden nur ein großes, einmaliges Gedenken gerecht werden könne. Mehrere kleine Erinnerungsstätten gab es bereits, doch bis zur Planung des von Arndt erträumten Monuments mussten 80 Jahre vergehen ...

Das Völkerschlachtdenkmal – zu jeder Jahreszeit ein Besuchermagnet.

Im Jahr 1893 gründete Rechtsanwalt Clemens Thieme den **Deutschen Patriotenbund**. Allen Schwierigkeiten zum Trotz gelang es, die notwendigen Geldmittel, insgesamt sechs Millionen RM, zusammenzubringen. Erster Spatenstich war am 18. Oktober 1898. Die Grundsteinlegung erfolgte am 18. Oktober 1900, die Schlusssteinsetzung am 13. Mai 1912 und die Denkmalsweihe am 18. Oktober 1913.

Im ersten Entwurf von Prof. Bruno Schmitz hatte das Denkmal noch ein ganz anderes Aussehen. Eine Spendenkarte des Deutschen Patriotenbundes von 1898.

Der einzige Originalschauplatz der Kämpfe, den man heute noch aufsuchen kann, ist das Torhaus des Schlosses zu Dölitz. Polen, auf französischer Seite, fochten hier bravourös gegen Österreicher.

Echt Leipzig!

Eine besondere Attraktion bieten Naschmarkt und Markt mit dem Prunkstück **Altes Rathaus**.
Jeder Tourist ist von diesem prächtigen Renaissancebau begeistert, besonders, wenn er erfährt, dass 1556 sowohl das Jahr des Baubeginns als auch das des Bauendes ist. Ganze neun Monate reichten aus! Eine heute nicht mehr nachzuvollziehende, technisch unmöglich zu realisierende Bauzeit.

Auch nach 450 Jahren noch aktiv: Hieronymus Lotter (Karsten Pietsch) erklärt Verlagsbuchhändler Hannes Bachmann ihr gemeinsames Domizil – das Alte Rathaus.

Das nach Plänen des Stadtbau- und Bürgermeisters Hieronymus Lotter (1497–1580) erbaute Alte Rathaus, errichtet auf dem Gelände des gotischen Vorgängerbaus, unter Verwendung des schönen rötlichen Porphyrtuff-Gesteins aus Rochlitz.

D'r gleene Geede

Ich schwärmte glei fier Seffners Geeden,
wie-ern als Student vergerbert hat.
Un mittlerweile gilt-er wo' bei jeden
als brächtsches Gunstwerk unsrer Stadt.

Wo-er nu in vollem Glanze
off'n scheenen Naschmarkt brangt,
umgähm von eh grienen Granze,
womit Leibzsch sein'm Seffner dankt.

Doch zu Klatsch und Tratsch neigte
ja jeher de liewe Welt!
Un hehnisch sprengen Fremde aus m'r zeigte
unsern gleenen Geede nur fier Geld!

An das Denkmal nämlich hat m'r dichte
änne Gartenwertschaft angebaut,
off die geradezu mit sein Gesichte
unser hochberiemter Dichter schaut.

*Johann Wolfgang von Goethe weilte von 1765 bis 1768 als Student der Rechte in der Messestadt Leipzig.
Eine reizvolle Aufnahme des „Gleenen Geede“ vor der attraktiven Kulisse des Alten Rathauses.*

Wer'n nu von vorn in Oochenschein will nähm
gann das freilich nur vom Resderang ...
Nu, herrgott, da kooft m'r sich ä Helles ähm,
dafier hat m'rn dann ooch stundenlang.

Dreiß'sch lumbsche Fenge for ä Debbch'n,
mit-dn Blick off so ä Monnement –
das is doch sicherlich, weeß Gnebb'chn,
ä Vergniech'n, das m'r billig nennt!

Dass m'r gratis Geed'n bloß von hinten
und von d'r Seite her betracht'n gann –
also, wenn mir nicht dabei find'n;
Fremde geht's doch iewerhaubt nischt an!

Gedicht von Georg Bötticher (1849–1918), sächsischer Mundartdichter, Vater von Joachim Ringelnatz.

Das Schillerhaus in der Gohliser Menckestraße, Hausnummer 42, erbaut um 1710. Erworben vom Leipziger Schillerverein, der hier eine Gedenkstätte einrichtete.

Das 1904 von Carl Ludwig Seffner (1861–1932) geschaffene Goethedenkmal. Vorn die „Gartenwertschaft" und im Hintergrund die prächtige Alte Handelsbörse, Leipzigs erster Barockbau, vollendet im Jahre 1687.

Wie es sich gehört, folgt auf Goethe **Schiller**! Auf Einladung seiner hiesigen Verehrer kam Schiller im April 1785 nach Leipzig. Einige Wochen lebte er in der Stadt, sehnte sich aber bald nach ländlich-romantischer Stille, zur Entspannung und zu ungestörtem Arbeiten. Das wurde ihm zuteil im Dörfchen Gohlis, der anerkannten „Sommerfrische" der begüterten Leipziger.

Das Schönste, Bedeutendste, das in Gohlis entstand, ist gewiss das „Lied an die Freude". Den ganzen Sommer über wohnte Schiller dort in der Menckestraße und reiste im September 1785 weiter nach Dresden.

Höchst persönlich: Friedrich Schiller (Jörg Flemmig). Natürlich am Schillerdenkmal im Schillerpark, an der Schillerstraße.

Echt Leipzig!

Eine der letzten Briefmarken-Ausgaben der DDR, die des Herbstes 89 gedenkt, den Leipzigern mit ihrem trotzigen Ruf „Wir sind das Volk" und der Nikolaikirche, von der die friedliche Revolution ihren Ausgang genommen hat.

„Dem Studium der Wissenschaften und der freien Künste geweiht unter der Regierung König Alberts, im Jahr des Herrn 1891" lateinische Inschrift am Giebel der UB.

Die **Nikolaikirche**, Leipzigs wohl älteste Stadtkirche. Ein Vorgängerbau ist bereits um 1165 errichtet worden, also zur Zeit der Stadtgründung.

In heutiger Gestalt, im so genannten Zopfstil, wurde sie erst 1796 vollendet. Johann Friedrich Carl Dauthe (1749–1816) als Baumeister und Adam Friedrich Oeser (1717–1799) als künstlerischer Gestalter schufen die uns heute vertraute Nikolaikirche.

Die **Säule** zum Gedenken an den Herbst 89 ist eine Kopie der Säulen der Nikolaikirche, ehemals konzipiert als Palme, als Baum des Friedens.

Eingangsbereich der prächtigen Universitätsbibliothek.

Die Nikolaikirche

Die **Bibliotheca Albertina** wurde nach König Albert von Sachsen benannt, dem Rector Magnificentissimus seiner Landesuniversität. Der Architekt dieses großartigen Bauwerkes ist der Königlich Sächsische Baurat Arwed Roßbach (1844–1902) gewesen, der auch mehrere weitere Universitätsbauten geschaffen hat.

Das „Klingerhaus", Petersstraße 48. Auch dieses Bauwerk von malerischer Wirkung schuf Arwed Roßbach unter Verwendung von Renaissance-Elementen (1887–1888).

***Auerbachs Keller** ist selbstverständlich ein Muss!*
Die beiden jungen Leipzigerinnen wissen es – und es spricht sich mehr und mehr herum – Faust's Schuh anfassen bringt Glück!

Die Neue Burg, wie es an Leipzigs Neuem Rathaus steht. Am Standort des alten Stadtschlosses Pleißenburg wurde 1905 dieses größte deutsche Rathaus, mit dem höchsten Rathausturm (114 Meter) eröffnet.

Die **Mädler-Passage** mit Auerbachs Keller ist wohl einer der größten Anziehungspunkte von Leipzig, und das nicht nur bei Goethe-Freunden. Seit 1530 gibt es Auerbachs Keller – er ist die einzige im Faust exakt benannte Örtlichkeit. Und seit 1914 findet man den „Abstieg" dorthin in der eleganten Mädler-Passage, zuvor Auerbachs Hof.

Der Barthels Hof ist der letzte vollkommen erhaltene historische Leipziger Durchgangs-Handelshof. Erbaut als Haus „Zur Goldenen Schlange" 1523 im Stil der Früh-Renaissance. Dr. Jürgen Schneider ließ dieses Bau-Kleinod in den Jahren 1997/98 wunderbar restaurieren.

Echt Leipzig!

Medaille aus Meißner Porzellan: Johann Sebastian Bach (1685–1750).

Haupteingang der Thomaskirche.

Haupteingang der Musikhochschule.

Zinnmedaille: Felix Mendelssohn-Bartholdy (1809–1847).

Das großartige Reichsgericht. Es wurde 1895 eröffnet. In der DDR-Zeit war es Bildermuseum. Heute, nach aufwendiger Sanierung, ist es wieder Ort der Rechtspflege als Bundesverwaltungsgericht.

Die **Thomaskirche** – Hauptwirkungsstätte des großen Bach, Heimstätte des berühmten Knabenchores. Erst nach 1884 erfolgte der Umbau der früher schmucklosen Westfassade zum Eingangsbereich *(oben links)*.

Das ehemalige **Königliche Konservatorium der Musik** an der Grassistraße, die heutige Hochschule für Musik und Theater „Felix Mendelssohn-Bartholdy" *(oben rechts)*.

Der berühmte Coffee Baum ist das zweitälteste deutsche Kaffeehaus und konnte sich öfter hoher Gäste erfreuen, so z.B. des Kurfürsten und Königs August des Starken.

„Wissen Sie, unser Dresden ist auch wieder schön und es wird noch schöner – Semperoper, Frauenkirche, das Wettinerschloss – aber Leipzig hat ein Nachtleben!“ Die Worte eines Gastes aus Sachsens Hauptstadt bestätigen es: Im nächtlichen Leipzig ist Leben und im nächtlichen Leipzig kann man was er-leben. Seien es Theater oder Kabaretts, die Musik oder einfach nur ein romantischer nächtlicher Bummel. Die wunderbar breite Palette der Restaurants darf nicht unerwähnt bleiben – von der Schnitzelfabrik bis zur Sushi-Bar, von Apels Garten bis zum Zwiebelchen. Und von der fröhlichen Kneipenmeile war schon die Rede *(siehe unten)*!

Von den Leipzigern und ihren Gästen gern genutzt: Touren durch die nächtliche Stadt. So beispielsweise die Fahrt im Oldtimer-Bus *(siehe links)*. Sie endet vor dem Mendebrunnen und dem Gewandhaus auf dem Augustusplatz *(siehe oben)*. Dann geht es 130 Meter hoch zur Aussichtsplattform des Panorama-Hochhauses. Bei einem Gläschen Sekt genießt man den Ausblick *(siehe Seite 47)*.

roch-Hochhaus am Augustusplatz. Gleich ist's 3 Uhr und die beiden „Glockenmänner“ wer en fünfzehnmal zuschlagen ...

Leipzigs Kneipenmeile

Die im Jahre 1913 geweihte Russische Kirche – zum Gedenken an die in der Völkerschlacht gefallenen 22 000 russischen Soldaten.

Echt Leipzig!

Im reichen Leipzig, in der Zeit zwischen den Gründerjahren und dem Ersten Weltkrieg, konnte man es sich leisten, nicht nur öffentliche Bauten, sondern auch Wohnhäuser großartig zu gestalten. Manches zerstörte der Krieg, manches verfiel in der DDR-Zeit. Aber heute finden wir wieder aufwendig und hervorragend sanierte Bauten in alter Pracht.

Ein interessantes, uraltes, aber auch junges Bauwerk: die **Moritzbastei**, benannt nach Sachsenherzog Moritz. Eine Anlage zur Stadtbefestigung aus dem 16. Jahrhundert. Von Studenten wurden die alten Gewölbe in mehrjähriger Arbeit freigelegt und ausgebaut zur kulturellen und gastronomischen Nutzung.

Großartige bürgerliche Wohnbauten sind auch im Musikviertel zu bewundern. Neben dem Waldstraßenviertel war dort das repräsentativste Wohnen möglich. Hier ein Blick in die Schwägrichenstraße, benannt nach dem Gründer des Botanischen Gartens der Universität (1837).

Waldstraßenviertel, die Christianstraße.

Die Deutsche Bücherei – eine Gründung des Börsenvereins deutscher Buchhändler. In den Jahren von 1913 bis 1916 entstand dieser Prachtbau, Architekt Oskar Pusch. Hier wird vom 1.1.1913 bis zum heutigen Tag alles Schriftgut gesammelt, das in der Welt in deutscher Sprache erscheint.

Einer der Innenhöfe in der Moritzbastei.

Blick vom Markt in die Hainstraße. Links Haus Nr. 3: Webers Hof. Erbaut als Geschäfts- und Wohnhaus um 1750. Die Hainstraße gehörte zu den ersten Straßen, die man in der späteren Stadt Leipzig anlegte.

Blick vom Augustusplatz in die Grimmaische Straße. Hier, am Standort des Fotografen, befand sich bis 1830 eines der vier Leipziger Stadttore, das Grimmaische Tor.

Keineswegs ohne Bedeutung, auch oder gerade für die Gäste, sind die Einkaufsmöglichkeiten einer Stadt. Und auch hier hat Leipzig durchaus etwas zu bieten. Die attraktiven Geschäfte der Innenstadt, wie in der Hain-, in der Peters- oder in der Grimmaischen Straße, ganz besonders aber die in den Passagen, locken mit vielfältigen und verführerischen Angeboten. Und da wir uns eben mit dem Hauptbahnhof beschäftigen, sollen die dortigen Möglichkeiten nicht verschwiegen werden: In rund 100 Geschäften kann man täglich nach Herzenslust bis 22 Uhr einkaufen.

Handlich und praktisch und sehr zeitsparend beim minutenschnellen Kauf – wer der Älteren erinnert sich nicht noch gern an die Fahrkarte in früheren Tagen ...

Foto aus dem Jahr 1996: der Hauptbahnhof ohne den bis zum Empfangsgebäude vollkommen abgebrochenen Querbahnsteig. Die enormen Bauarbeiten (bei laufendem Verkehr!) sind in vollem Gange zum Umbau des Hauptbahnhofes zu den attraktiven Bahnhofs-Promenaden.

Blick vom Querbahnsteig, wie er sich heute präsentiert, zu den beiden darunterliegenden Flanier- und Einkaufsbereichen.

Echt Leipzig!

Im nördlichen Bereich des Auwaldes bei Lützschena.

Die große Wiese im Rosental.

„Aber eine nette Umgebung, etwas Grün, das hat doch Leipzig gar nicht!?" Das hört man hin und wieder von Gästen. Sie irren, und das kann man ihnen keinesfalls verübeln. Ist doch nicht einmal allen Einheimischen klar, wie reizvoll das weite Land ihrer Heimat ist, die Leipziger Tieflandsbucht zwischen Saale und Mulde. Und welches Kleinod der Natur der über viele Jahrhunderte gewachsene, in Mitteleuropa eine Seltenheit darstellende Leipziger Auwald mit seinen kaum anderweitig zu findenden Besonderheiten in Fauna und Flora ist. Auch das – zuletzt, aber nicht als Letztes – ist „Echt Leipzig".

Schon Lene Voigt, die bekannteste unter Leipzigs Heimatdichtern, wusste über das freudenvolle und verschwiegene Rosental Gedichte zu schreiben, wie hier die Rosental-Romanze:

Ein reizvoller Waldweg im südlichen Auwald bei Leipzig-Connewitz.

Ins scheene griene Rosendahl
da bilchert manches liewe Mal,
gemiedlich zur Erholung hin,
d'r Leibzcher mit d'r Leibzcherin.

De Baare so in reifern Jahrn
hamms alle frieher mal erfahrn,
wie seelich sich bei Bonorand
ä Herze hin zum andern fand.

Un ooch de große Wiese gann
sehr viel erzähln von Weib un Mann.
Doch weil se geene Gusche hat,
verrät se nischt aus unsrer Stadt.

Gedicht von Lene Voigt (1891–1962), sächsische Mundartdichterin.
Anmerkung: „Bonorand" – beliebtes Ausflugslokal im Rosental der früheren Zeit.

Warum der Gast wiederkommen sollte? – Es ist eigentlich in diesem Buch schon alles angesprochen worden.
Unser Gast kann sicher sein, dass er gern gesehen ist, dass man sich um ihn bemüht und die LeipzigerInnen stets freundlich zu ihm sind.

Wiederkommen sollte der Gast, weil Leipzig sich ständig und rasant verändert und weil die Stadt immer etwas Neues zu bieten hat. Und mit Sicherheit langweilt sich kein Gast in Leipzig. Leipzig unterhält, bildet, amüsiert und – erzieht!
Sie zweifeln an Letzterem?
Das ist schon fast vermessen: Sie zweifeln an Goethe! Sinngemäß schrieb er über seine Person, dass zum Studium nach Leipzig ein kleiner, scheuer „eingewickelter“ Knabe kam und drei Jahre später ein junger Kavalier à la mode die Messestadt verließ – gebildet an Geist, feinem Geschmack und eleganten Umgangsformen. Darüber hinaus sind ihm, wie wir wissen, einige junge Leipzigerinnen freundlicherweise beim „Auswickeln“ behilflich gewesen.

Die Zeit ist eine ganz andere geworden, aber etwas haben wir uns, hat sich unsere Stadt bewahrt.
Wir Leipziger wissen es, und der Gast bemerkt es: Es muss nicht unbedingt das Bachfest sein, der Honky Tonk, die Automesse oder das Gastspiel eines Weltstars im Gewandhaus:

In Leipzig ist selbst dann etwas los, wenn eigentlich gar nichts los ist.

130 Meter über der Messestadt: Blick vom Panorama-Hochhaus, Augustusplatz, auf das nächtliche Leipzig in westlicher Richtung.
Vorn das Neue Rathaus, links, etwas im Hintergrund, das Bundesverwaltungs-, das ehemalige Kaiserliche Reichsgericht.

Ebenfalls im Herkules Verlag erschienen:

Uwe Schieferdecker
Dresden – Der dreifache Blick
48 Seiten, zahlreiche S/w- und Farbfotos
deutsch / english

ISBN 3-937924-04-3

Uwe Schieferdecker
So schön war Dresden
Luftaufnahmen vor dem Feuersturm
48 Seiten, zahlreiche S/w-Fotos
deutsch / english

ISBN 3-937924-02-7

HERKULES VERLAG